GÜNTHER SATOR

Feng Shui
Leben und Wohnen in Harmonie

- ➤ Wohnräume planen und einrichten
- ➤ Test: Wie energiereich ist Ihre Wohnung
- ➤ Störende Einflüsse schnell korrigieren

GU RATGEBER GESUNDHEIT

Inhalt

Ein Wort zuvor	5

Leben und Wohnen in Harmonie 7

Was ist Feng Shui? 8
Ein uraltes Wissen 8
Weltweit erfolgreich 10
Wie das Wohnen das Wohlgefühl beeinflußt 12
Was wollen Sie verändern? 13
  Wie geht es Ihnen? 14
  Wie wohnen Sie zur Zeit? 16

PRAXIS

Weisheit und Werkzeuge des Feng Shui 21

Lebensenergie »Chi« 22
Energie soll fließen 22
  Feng Shui ist Akupunktur im Raum 23
Schneidendes Chi oder Sha-Chi 25
Alles ist mit allem verbunden 26
  Wie innen so außen 26
  Das innere Feng Shui 27
  Die Wirkung auf andere 28
Yin und Yang – Leben in Balance 29

Die Fünf Wandlungsphasen 31
Der Zyklus der Schöpfung und der Kontrolle 32
Wie ist das Chi verteilt? 34
Ausgleich der Elemente 36
Wichtig: der Intuition folgen 36
  »Do simple things well…« 37

Die neun Lebensfelder im Bagua 38
Fehlbereich oder Erweiterung? 40
Die Zonen des Bagua 41

Das ideale Haus am richtigen Ort 46
Was ein Haus und ein bequemer Stuhl gemeinsam haben 46
  Das optimale Grundstück 47
  Der passende Baustil 48
  Der ideale Grundriß 49
  Baubiologie für mehr Lebensqualität 50
  Nicht zu vergessen: die Vorgeschichte 50
Der Garten 51
  Pflanzen – Quellen des Chi 52
Sha-Chi rund ums Haus? 53

Die Basis fürs »Innenleben«	54
Das Schlafzimmer in der Partnerecke?	54
Möbel zum Wohlfühlen	55
»Klare Verhältnisse« schaffen	55
Strahlende Wände	57
Wasseradern und andere Störzonen	58
Der Kraftplatz eines Raums	58

Hilfsmittel, die das Chi stärken	59
Klang verändert die Welt	60
Die Heilkraft des Lichts	61
Pflanzen bringen Leben ins Haus	62
Die Magie der Spiegel	63
DNS-Spiralen steigern Lebensenergie	64
Regenbogenkristalle bringen Freude ins Heim	65
Kristalle – funkelnde Botschafter der Erde	65
Delphine – die Liebesboten	66
Auch Bilder können heilen	67
Farben und ihre Wirkung	67
Wasser fördert Wohlstand	69
Bewegte Objekte aktivieren das Chi	70
Schutz und Stabilität durch schwere Objekte	71
Die Macht persönlicher Gegenstände	71

Checkliste »Haus und Garten«	73
Von außen nach innen	74
Ein Garten voller Energie	74
»Gute Geister« einladen	75
Fehlbereiche des Bagua stärken	75
Willkommen daheim!	77
Wege und Zufahrten	77
Was tun bei Sha-Chi?	77
Hauseingang, Entrée	77
Der erste Raum	78
Teppiche lenken Energie	78

Die Wohnung zum Wohlfühlen	79
Das erholsame Schlafzimmer	79
Die nährende Qualität der Küche	82
Eßplatz – streßfreie Zone	83
Freiraum Kinderzimmer	84
Treffpunkt Wohnzimmer	85
Kreativzone Arbeitsplatz	87
Nur für Gäste?	89
Das eigene Zimmer	89
Heikel: Bad und WC	90
Treppen – Leitbahnen des Chi	91
Abstellräume – Zonen des Staus	91
»Schattenreich« Keller	91

Zum Nachschlagen	92
Bücher und Adressen, die weiterhelfen	92
Sachregister	93

Dank

Wieviel Zufälle und glückliche Fügungen notwendig waren, um meine Laufbahn als Techniker an den Nagel zu hängen und mich hauptberuflich der Kunst des Feng Shui zu verschreiben, werde ich wohl nie erfahren. In Dankbarkeit verneige ich mich vor dem, was ich mit keinem anderen Begriff als dem »Höheren Bewußtsein« umschreiben kann, denn eine andere Erklärung habe ich nicht für die vielen Geschenke, die mir das Leben täglich beschert.
Feng Shui hat mir für vieles die Augen geöffnet, so daß ich alles, was mir geschieht, alle Menschen, denen ich begegne, als Lernchance und Lehrmeister betrachte – das Umfeld oder die Ereignisse ebenso wie meine Eltern, meine Lehrer, Kunden, Kursbesucher und Freunde, auch diejenigen, die anderer Meinung sind als ich.
Es ist meine feste Überzeugung, daß wir alle auch ein Spiegel für andere sind. Wenn wir dies erkennen und das Potential beherzt nutzen, sind wir bereits mittendrin in der Praxis des Feng Shui.

Wichtiger Hinweis

Dieses Buch stellt eine Form des chinesischen Feng Shui vor, die der westlichen Kultur angepaßt ist. Es gibt Anregungen, wie Sie durch einfache Veränderungen in Wohnung und Garten Ihr Zuhause zu einem Ort der Regeneration, der Ruhe und Kraft machen und damit Ihr Leben positiv beeinflussen können.
Feng Shui ist keine Methode zur Behandlung körperlicher oder seelischer Beschwerden. Das Ziel aller Feng-Shui-Maßnahmen ist es, das allgemeine Wohlbefinden zu unterstützen und so zu Gesundheit und Glück beizutragen.
Keine der im Buch beschriebenen Wohnsituationen führt zwangsläufig zu einem bestimmten Schicksal, da trotz ungünstiger äußerer Umstände oder bester Maßnahmen zur Veränderung letztlich jedem sein freier Wille und die freie Entscheidung bleiben!

Ein Wort zuvor

Alles ist mit allem verbunden – nichts existiert isoliert, jedes Ding, jedes Lebewesen, jeder Gedanke, jedes Gefühl steht in Beziehung mit allem anderen. Auf dieser uralten Erkenntnis basiert Feng Shui. Die Verbindung mit allem, was uns umgibt, ist sogar außerordentlich stark. Das Umfeld hat großen Einfluß darauf, wie es uns geht. Umgekehrt ist unser Umfeld in gewisser Weise auch Ausdruck unseres inneren Zustands. Gesundheit oder Krankheit, Erfolg oder Mißerfolg, sogar Beziehungsglück oder -pech spiegeln sich deshalb in der eigenen Wohnung, im Haus oder Büro wider – und lassen sich darüber indirekt auch beeinflussen.
Dieses Buch zeigt Ihnen, wie Sie durch bewußte Gestaltung Ihres Lebensraums das Schicksal in die Hand nehmen können.
Ziel ist es, Ihre Wohnung zu einem Ort der Regeneration und Freude zu machen, an dem Sie sich hundertprozentig wohlfühlen und täglich neue Kraft tanken können, um gesund und glücklich zu leben.

- Einleitend stelle ich Ihnen kurz das wichtigste über Herkunft und Verbreitung der Feng-Shui-Lehre vor.
- Im zweiten Kapitel geht es dann gleich in die Praxis: Sie lernen unterschiedliche Ansätze zur Analyse Ihrer Wohnsituation und deren Veränderung kennen, dazu die besten Hilfsmittel, mit denen Sie gezielt Einfluß auf alle Bereiche Ihres Lebens nehmen können.
- Im dritten Kapitel finden Sie über 100 Tips zur Veränderung Ihres Wohnumfelds – vom Garten übers Wohnzimmer bis in die letzte Abstellkammer –, damit nichts im Äußeren bleibt, was Ihr Wohlbefinden und Glück noch hemmen könnte …

In meiner Arbeit als Feng-Shui-Berater und Seminarleiter ist es mir besonders wichtig, Feng Shui so zu vermitteln, daß dieser uralten chinesischen Wissenschaft der Ruch des Aberglaubens genommen wird und sie angemessen in unsere westliche Kultur umzusetzen ist – mit Hilfsmitteln und Maßnahmen, die unseren Lebensgewohnheiten entsprechen. Nur so kann Feng Shui, die Lehre vom Leben und Wohnen in Harmonie, in den Alltag integriert und Bestandteil unseres Denkens und Lebens werden. Ich wünsche Ihnen damit viel Freude und Erfolg!

Günther Sator

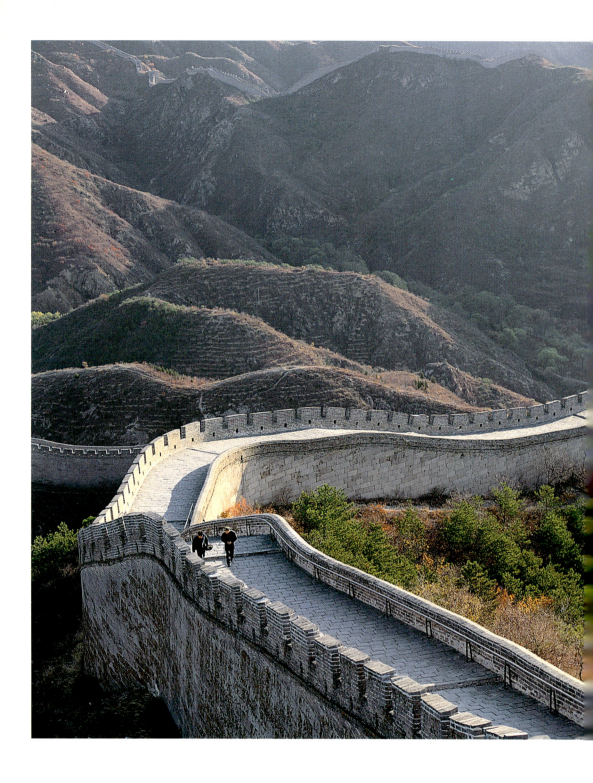

Leben und Wohnen in Harmonie

Seit Jahrtausenden bauen und wohnen die Chinesen nach den Regeln des Feng Shui – selbst die Chinesische Mauer ist danach geplant. Daß sich dieses uralte Wissen auf unsere moderne Lebensweise übertragen läßt, mag erstaunlich klingen – aber die Weisheit, die hinter jeder Feng-Shui-Maßnahme steht, ist unabhängig von Zeit und Kultur. Nicht umsonst machen immer mehr Menschen im Westen beeindruckende Erfahrungen mit Feng Shui.

Was ist Feng Shui?

Gesundheit und Glück durch richtiges Wohnen

Feng Shui lehrt uns, wie wir durch eine bewußte Auswahl des Platzes, an dem wir leben, und dessen gezielte Gestaltung Gesundheit und Glück erreichen können. Es beschreibt die Beziehung zwischen Mensch und Natur, erklärt, warum manche Standorte zum Wohnen besser geeignet sind als andere und mit welchen Mitteln wir auf unser Umfeld Einfluß nehmen können. Es ist eine uralte chinesische Wissenschaft, letztlich so alt wie die Menschheit selbst, denn sie beruht auf dem gesammelten Wissen der Ahnen.

Ein uraltes Wissen

Feng Shui bedeutet wörtlich übersetzt »Wind und Wasser«. Die ersten Aufzeichnungen und Hinweise auf diesen Begriff sind mehrere tausend Jahre alt, die früheste Erwähnung von »Wind und Wasser« ist angeblich 5.000 bis 6.000 Jahre zurückzudatieren.
Um den Begriff zu entschlüsseln, muß man die Sicht der damaligen Menschen einnehmen. Da Feng Shui beschreibt, wie sehr wir von den äußeren Einflüssen unseres Umfeldes geprägt sind, wählte man symbolhaft zwei der wichtigsten Erscheinungsformen der Natur: *Wind,* welcher als sanft wehender Himmelsbote gesehen wurde, der die segensreichen und Fruchtbarkeit bescherenden Wolken und damit *Wasser* herbeibläst. Vor allem aber drückten die Namensgeber damit auch aus, daß hinter allem, was uns in der sichtbaren und unsichtbaren Welt umgibt, eine Energiequelle steckt. Schließlich repräsentieren sowohl der Wind als auch das Wasser sehr machtvolle Naturerscheinungen, die manchmal schwer zu bändigen sind – deshalb mußte man sich mit ihnen gutstellen. Feng Shui sollte dies ermöglichen.

»Wind und Wasser«

Sich mit der Natur gutstellen

Der Ursprung dieser Lehre liegt in Asien, und China wird als das Kernland des Feng Shui angesehen. Die Anwendung gehörte dort so selbstverständlich zum Alltag, daß man sich keine besonderen Gedanken darüber machen mußte. Gelehrt und ausgeführt wurde

Ein uraltes Wissen 9

Nicht nur die alten Chinesen – jede vorzeitliche Kultur wußte um Gesetzmäßigkeiten der Natur: Stonehenge in England ist ein beeindruckendes Beispiel aus der Steinzeit.

Feng Shui von Priestern. Die Herrscher der verschiedenen Dynastien ließen sogar weitläufige Grabanlagen nach Feng-Shui-Lehren anlegen, um das Schicksal ihrer kaiserlichen Nachkommen positiv zu beeinflussen – denn man glaubte, daß dies vom Wohlergehen der Vorfahren im Jenseits abhänge. Alle großen Bauwerke Chinas wie die Verbotene Stadt in Peking oder auch die Chinesische Mauer wurden nach exakt ermittelten Feng-Shui-Kriterien errichtet.

Basis aller großen Bauten Chinas

So hat sich über Jahrtausende ein unschätzbares Erfahrungswissen angesammelt, welches bis zum heutigen Tage erhalten wurde. Einen großen Einbruch brachte allerdings die Zeit der Kulturrevolution in den 60er und 70er Jahren, während der die Anwendung des Feng Shui strengstens untersagt war, weil ein solch »überholtes und auf Aberglauben basierendes System« angeblich nicht in ein modernes Staatsgefüge paßte. Interessant ist in diesem Zusammenhang, daß selbst Mao Tse Tung, obwohl er Feng Shui verboten hatte, Zeit seines Lebens ein begeisterter Experte und auch heimlicher Anwender dieser hohen Kunst war.

Viele Chinesen haben durch das Verbot den Zugang zu dem alten Wissen verloren. Durch die ins Ausland geflüchteten Feng-Shui-Meister konnte die Tradition jedoch überleben. In Hongkong und Singapur wird Feng Shui auch heute noch häufig angewendet, und von dort erobert es mit Siebenmeilenstiefeln den Rest der Welt.

Was ist Feng Shui?

Feng Shui gab es überall

Alle Völker betreiben seit Urzeiten Geomantie

Vieles, was Feng Shui lehrt, war auch in den anderen Gebieten der Erde bekannt. Jedes Volk, jede vorzeitliche Kultur wußte um die Gesetzmäßigkeiten der Energieflüsse in der Natur und richtete sich danach. Man nennt dieses Wissen in einem zusammenfassenden Begriff »Geomantie«. Gewissermaßen ist auch Feng Shui eine Form von Geomantie. Primitive Urvölker waren darin genauso sensibilisiert wie die großen Baumeister der ägyptischen und griechischen Antike; auch bei uns in Europa gab es ein sehr tiefes Wissen über diese Zusammenhänge, man denke nur an die Kelten oder auch die alten Germanen, welche für ihre Bauten und Zeremonien besondere Plätze aussuchten. In der jüngeren Geschichte waren es die »Bauhütten« und Bruderschaften, welche ihr Wissen beim Bau von Kirchen und Kathedralen, Klöstern, Schlössern, Burgen, Herrschafts- und Regierungssitzen einbrachten. Deren vielfältige Informationen über die Wirkung von Standorten, Baumaterialien, Proportionen, Himmelsrichtungen, die Wahl des optimalen Grundrisses und den gezielten Einsatz von Einrichtung, Kunst und Farbe waren jedoch nur für ausgewählte Mitglieder dieser Bünde erreichbar. Der einfache Bürger hatte keinerlei Zugang zu diesem Wissen und mußte sich mit den im Bauern- und Bürgerstand vorhandenen Überlieferungen begnügen. Bauernregeln, das Wissen um die Mondrhythmen und ähnliches zeugen heute noch davon. Anders als in China blieben dem Normalsterblichen hier also nur sehr beschränkte Möglichkeiten, und es gibt fast keine aufgezeichneten und öffentlich zugänglichen Informationen. Daher sind wir auf das Wissen anderer Kulturen angewiesen – auf der Suche danach wurde das chinesische Feng Shui für den Westen entdeckt.

In Europa nur als Geheimwissen

Weltweit erfolgreich

Verschiedene Strömungen in Asien

Seit einigen Jahren breitet sich Feng Shui auch in der westlichen Welt stark aus. Während es in Japan, Korea, auf den Philippinen, in Indien und Malaysia eigene Feng-Shui-Strömungen gibt, schwappt die chinesische Feng-Shui-Welle nun in die USA, nach Kanada, Australien und vor allem auch Europa. Hier wird es in London und speziell im deutschsprachigen Raum zum regelrechten »Boom«.

Weltweit erfolgreich 11

Internationale Konzerne – die ersten westlichen Anwender

Die ersten, die Feng Shui in der westlichen Welt einsetzten, waren internationale Konzerne, Versicherungen und Banken. Allerdings wurde das in der Regel streng geheim durchgeführt, um sich einen gewissen Vorsprung gegenüber den Mitbewerbern zu sichern und um nicht in den Ruf zu kommen, sich mit »unwissenschaftlichen Methoden« abzugeben. Alle diese Unternehmen wollten das Arbeitsklima innerhalb ihrer Gebäude verbessern und damit Gewinn aus einer Feng-Shui-Beratung ziehen. Die Idee ist einfach: Wenn das Umfeld »stimmt«, dann spüren dies sowohl die Mitarbeiter als auch die Kunden. Ein disharmonisches, streßerzeugendes Umfeld erzeugt Spannung und auch gesundheitliche Schwächen. Wo man sich aber

Um die Leistung der Mitarbeiter zu steigern

wohlfühlt, können bessere zwischenmenschliche Beziehungen entstehen, die Motivation steigt und damit die Leistungsbereitschaft, und die Krankenstände sinken.

Daher gehen bereits die ersten Unternehmer dazu über, auch die Privatwohnungen ihrer Mitarbeiter mit Hilfe von Feng Shui zu harmonisieren. Schließlich sind glückliche, gesunde Angestellte das beste Potential einer Firma.

Viele moderne Gebäude in Hongkong sind nach Feng-Shui-Kriterien errichtet, hier die »Bank of China«.

■ Die Philosophie des Feng Shui ist es, jede Situation möglichst zu optimieren. Denn ähnlich unserem Gehirn, das wir nur zu bescheidenen 7 bis 10 Prozent nutzen, werden auch die Ressourcen unserer Wohnungen und Büros bei weitem nicht ausgeschöpft. Dieses brachliegende Potential anzuzapfen, ist das Ziel von Feng Shui. Die Wege, dies zu erreichen, sind oft sehr einfach und können meist mit geringem Aufwand durchgeführt werden.

Was ist Feng Shui?

Die chinesische Kultur einfach kopieren?

An unsere Bedürfnisse anpassen

Die Ideen des Feng Shui lassen sich durchaus auf unsere westliche Sicht der Dinge übertragen. Wichtig ist allerdings, daß wir die praktischen Anregungen des Feng Shui an unsere Bedürfnisse anpassen. Selbst wenn wir heute in einer Zeit der globalen Vernetzung leben, dürfen wir nicht vergessen, daß in unserem Teil der Erde eine andere Kultur und ein teilweise grundverschiedenes Weltbild besteht als in Asien. Man kann daher viele kulturelle Eigenheiten nicht einfach ungefiltert in unser westliches Leben übernehmen. Dies wird leider allzu oft gemacht, mit dem Resultat, daß sich Menschen mit Gegenständen umgeben, die nicht zu ihnen passen, die Unbehagen und Befremden auslösen und deshalb nicht geeignet sind, das eigene Leben zu verbessern. Um Feng Shui zu praktizieren, können Sie auf spezielle chinesische Hilfsmittel durchaus verzichten. Innerhalb unserer Kultur stehen uns genügend Mittel zur Verfügung, um auf unser Leben und Wohlbefinden positiv Einfluß zu nehmen.

Es geht auch ohne Fächer und Bambusflöten

Wie das Wohnen das Wohlgefühl beeinflußt

Seele, Geist, Körper und Umwelt – eine Einheit

Die Erkenntnis, daß Seele, Geist, Körper und Umwelt sich gegenseitig beeinflussen, ist mindestens so alt wie die Lehre des Feng Shui. Ein harmonisches Umfeld, seelisches und geistiges Wohlgefühl, Gesundheit, gute Beziehungen, glückliche Momente und Erfolg – all dies hängt eng miteinander zusammen, denn alles ist mit allem verbunden (Seite 26). Wie und wo wir wohnen, beeinflußt unser Wohlbefinden und somit unser gesamtes Leben daher mehr, als wir gemeinhin glauben – und aus dieser Erkenntnis sollten nicht nur große Konzerne Gewinn ziehen …

Wenn wir uns in unserer Wohnung geborgen fühlen, wenn sie eine positive, freundliche Ausstrahlung hat, kann sie ein Ort der Entspannung sein, an dem wir täglich neue Energie und Lebensfreude tanken – die Voraussetzung für Wohlbefinden.

Immer mehr Menschen fühlen sich deshalb in ihren »Designer-Wohnungen« und »Vorzeige-Häusern« unzufrieden und ungeborgen. Feng Shui lehrt uns, wieder mehr auf unsere eigentlichen Bedürfnisse zu achten. Wir sollten uns daher so einrichten, daß

Gefühle der Geborgenheit, der Stärke und des Glücks entstehen, daß freudige, liebevolle und erotische Stimmungen aufkommen können – so, wie wir es brauchen.

Rechnen Sie einmal zusammen, wieviel Zeit Sie täglich in Ihrer Wohnung verbringen. Wieviel Zeit verbringen Sie damit, sich über irgend etwas dort zu ärgern, zum Beispiel über die Unordnung oder die häßliche Tapete im Flur, über das Brummen des Toilettenventilators oder den Lärm der Baustelle nebenan? Selbst wenn das insgesamt nur 5 Minuten sind – aufs Jahr hochgerechnet sind das über 30 Stunden, in denen Sie nichts tun, als sich zu ärgern … Achten Sie auch auf die scheinbar kleinen, nebensächlichen Dinge in Ihrem Wohnbereich, denn gerade diese bergen in ihrer Unauffälligkeit ein großes Potential. An welchen Dingen oder Farben in Ihrer Wohnung aber können Sie sich immer wieder freuen, in welchem Raum fühlen Sie sich wohl, kaum daß Sie ihn betreten haben?

Wie geht es Ihnen in Ihrer Wohnung?

Und wie sind Sie eigentlich mit Ihrem Leben zufrieden? Wünschen Sie sich in einigen Bereichen Verbesserungen – wie steht es um Liebe, Kreativität, Freunde, Geld?

Feng Shui zu praktizieren heißt, in Ihrer Wohnung gewisse Veränderungen vorzunehmen, um die Atmosphäre zu verbessern, um Ihre Wohnung zu einer Quelle der Energie und des Wohlbefindens zu machen und um gezielt bestimmte Lebensbereiche zu beeinflussen. Mit allem, was Sie verändern, können Sie Ihren persönlichen Geschmack und die individuellen Bedürfnisse ausdrücken und so Ihre Umgebung Ihrem Wesen gemäß gestalten.

Das kann Feng Shui

Und wenn Sie Ihre derzeitige Wohnsituation als unbefriedigend empfinden: Indem Sie Ihre aktuelle Wohnung so optimal wie möglich gestalten, werden Sie Energie und Glück stärken, um in naher Zukunft eine angemessene neue Wohnung zu finden.

Die ideale Wohnung finden

Was wollen Sie verändern?

Um die vielfältigen Möglichkeiten des Feng Shui nutzen zu können, sollte vorweg die derzeitige Lebenssituation beleuchtet werden. Schließlich baut die Zukunft auf der Gegenwart auf. Verschaffen Sie sich Klarheit darüber, womit Sie in Ihrem Leben unzufrieden sind und was Sie gerne verändern möchten. Denn: »Nur ein Schiff, das seinen Hafen kennt, wird den Weg nach Hause finden.«

Was ist Feng Shui?

Wie geht es Ihnen?

Starten Sie Ihr persönliches Feng-Shui-Abenteuer, indem Sie die folgenden Fragen so ehrlich wie möglich beantworten. Die Auswertung wird Ihnen Hinweise darüber geben, welche Bereiche Ihres Lebens mehr Lebendigkeit, Fülle oder Harmonie benötigen.

Wo wünschen Sie sich mehr Energie?

	Ja!	Na ja …	Nein
1. Karriere, Lebensweg, Beruf			
Fühlen Sie sich auf dem richtigen Weg?	☐	☐	☐
Lieben Sie Ihren Beruf?	☐	☐	☐
Bekommen Sie die Anerkennung, die Ihnen zusteht?	☐	☐	☐
Freuen Sie sich über das, was Sie tun?	☐	☐	☐
2. Partnerschaft			
Führen Sie eine harmonische Beziehung?	☐	☐	☐
Kommen Sie gut mit Ihren Kollegen klar?	☐	☐	☐
Finden Sie leicht Anschluß?	☐	☐	☐
Haben Sie einen guten Freund/eine gute Freundin?	☐	☐	☐
3. Familie, Eltern, Vorgesetzte			
Haben oder hatten Sie eine gute Beziehung zu Ihren Eltern?	☐	☐	☐
Waren/sind Ihre Großeltern für Sie wichtig?	☐	☐	☐
Ist Ihr Chef für Sie ein großartiger Supervisor?	☐	☐	☐
Hatten Sie einige Lehrer, die Sie heute noch schätzen?	☐	☐	☐
4. Glück, Segen, Reichtum			
Fühlen Sie sich manchmal »grundlos« glücklich?	☐	☐	☐
Fliegt Ihnen zu, was Sie brauchen?	☐	☐	☐
Geld zu verdienen fällt Ihnen leicht?	☐	☐	☐
Haben Sie ein gutes Selbstwertgefühl?	☐	☐	☐
5. Gesundheit, Innere Ruhe, Stabilität			
Fühlen Sie sich rundum gesund?	☐	☐	☐
Ist Ihr Leben sehr stabil und ausgeglichen?	☐	☐	☐
Lassen Sie sich auch in hektischen Zeiten nicht aus der Ruhe bringen?	☐	☐	☐

Was wollen Sie verändern?

	Ja!	Na ja …	Nein
6. Hilfreiche Freunde, Unterstützung			
Finden Sie in Krisenzeiten Unterstützung?	☐	☐	☐
Schätzen Sie sich selbst als hilfreich ein?	☐	☐	☐
Sind Sie großzügig?	☐	☐	☐
Fördern Sie andere Menschen oder Projekte?	☐	☐	☐
7. Kinder, Kreativität, Freude, Welt der Sinne			
Sie sind selbst Vater oder Mutter und würden die Beziehung zu Ihren Kindern im allgemeinen als eher harmonisch bezeichnen?	☐	☐	☐
Sie haben zwar selbst keine Kinder, doch fühlen sich Kinder bei Ihnen wohl?	☐	☐	☐
Würden Sie sich als kreativ bezeichnen?	☐	☐	☐
Fällt es Ihnen leicht, neue Ideen zu entwickeln?	☐	☐	☐
Gönnen Sie sich regelmäßig Zeit für die schönen Dinge des Lebens?	☐	☐	☐
8. Wissen, Geistige Welt			
Fällt es Ihnen leicht, neue Dinge zu lernen?	☐	☐	☐
Vertrauen Sie Ihrer Intuition?	☐	☐	☐
Gibt es für Sie eine »höhere Macht«?	☐	☐	☐
Gönnen Sie sich manchmal stille Momente zum Nachdenken?	☐	☐	☐
9. Ruhm, Erkenntnis, Image			
Werden Sie von anderen Menschen geachtet?	☐	☐	☐
Die Meinung anderer ist Ihnen völlig egal?	☐	☐	☐
Sie nutzen das Leben, um Ihre Persönlichkeit täglich weiterzuentwickeln?	☐	☐	☐
Ist Ihr Leben erfüllend?	☐	☐	☐

▶ In welchem Bereich haben Sie besonders oft »Nein« oder »Na ja« angekreuzt? Ordnen Sie nun nach Priorität: Welcher der neun Bereiche müßte sofort verbessert werden, welcher Aspekt folgt an zweiter, welcher an dritter Stelle? Und was ist Ihr Ziel?

Mit Feng Shui können Sie jeden dieser Lebensbereiche aktivieren und stärken

Was ist Feng Shui?

Auf dem Bagua (siehe Transparent) finden Sie die neun Lebensbereiche wieder

So könnte beispielsweise Maria, eine 32-jährige Angestellte, die sich vor kurzem von ihrem langjährigen Partner trennte, schreiben: »Für mich sind momentan folgende Lebensbereiche sehr wichtig:
- Eltern: Ich möchte mich mit ihnen endlich wieder versöhnen.
- Partnerschaft: Ich bin nun wieder bereit für eine neue Beziehung und sehne mich nach einer harmonischen Partnerschaft.
- Kreativität: Ich werde endlich wieder zu malen beginnen. Außerdem habe ich einige neue Geschäftsideen, die ich meinem Chef gerne vorschlagen würde.«

Die Zonen 1 bis 9 entsprechen den neun Bereichen des »Bagua« (Seite 38): Jeder Abschnitt einer Wohnung oder eines Hauses steht in Beziehung zu einem speziellen Lebensbereich, so daß Maria nun die jeweilige Zone der Eltern (»Familie«), der »Partnerschaft« und der Kreativität (»Kinder«) suchen und aktivieren muß. Wie dies gelingt, erfahren Sie ab Seite 41.

Wie wohnen Sie zur Zeit?

Nachdem Sie nun Ihre persönlichen (inneren) Anliegen geklärt haben, soll Ihnen der folgende Streifzug durch Ihre Wohnung helfen, auch das äußere Umfeld zu analysieren.

Wieviel Energie fließt Ihnen aus der Umgebung zu?

	Ja	Nein
Umgebung		
Ist das Umfeld belastet von größeren Störeinflüssen wie laute Fabriken, stark befahrene Straßen?	☐	☐
Ist der Blick nach vorn blockiert?	☐	☐
Fehlt dem Haus seitlich oder hinten der Schutz durch Nachbargebäude, Bäume oder einen Berg?	☐	☐
Fehlt dem Gebäude ein Garten oder zumindest eine Grünfläche?	☐	☐
Sie können von Ihrer Wohnung aus nicht direkt auf sauberes Wasser blicken, wie auf einen See, Fluß oder Teich?	☐	☐
Steht das Haus am Ende einer Sackgasse, oder läuft eine Straße direkt auf Ihr Haus zu?	☐	☐
Haus und Zugang		
Ist das Haus für den Besucher schwer zu finden?	☐	☐
Ist der erste Eindruck des Hauses stark von der Garage geprägt?	☐	☐
Macht das Gebäude einen insgesamt verwahrlosten Eindruck?	☐	☐
Ist der Zugangsweg beengt oder finster? Klemmt das Gartentor oder streikt die Türsprechanlage?	☐	☐

Was wollen Sie verändern?

	Ja	Nein
Blockieren Bäume die Aussicht aus dem Haus, und verdunkeln sie gar die Innenräume?	☐	☐
Ist der Gebäudegrundriß eher unruhig oder stark ausgebuchtet?	☐	☐

Wohnungs- oder Hauseingang

Ist der Eingang von Säulen, Mauern oder Bäumen überschattet?	☐	☐
Ist die Eingangstür unrepräsentativ, liegt sie versteckt und ist vielleicht auch noch schlecht beleuchtet?	☐	☐
Ist unklar, welche der Türen der Haupteingang ist?	☐	☐
Öffnet die Tür nach außen, so daß Sie beim Eintreten zuerst einen Schritt rückwärts machen müssen?	☐	☐
Zeigen die Kanten von Nachbarhäusern oder andere spitze Elemente gegen Ihr Haus?	☐	☐
Falls ein Windfang vorhanden ist: Wirkt dieser wie ein kalter, unfreundlicher Anhang zum Gebäude?	☐	☐

Wie einladend wirkt Ihr Entrée?

Foyer

Ist der erste Eindruck beim Nachhausekommen die Wand oder die überladene Garderobe?	☐	☐
Ist der Vorraum dunkel und unfreundlich?	☐	☐
Blicken Sie vom Eingang unmittelbar auf die WC-Tür oder den Abstellraum?	☐	☐
Läuft eine Treppe direkt auf die Eingangstür zu?	☐	☐
Können Sie vom Eingang direkt nach hinten in den Garten blicken? Oder liegt die Hintertür direkt gegenüber?	☐	☐
Ist der Raum, der vom Eingang aus gesehen am meisten Aufmerksamkeit erhält, entweder Schlafzimmer, Küche oder Büro?	☐	☐

Schlafzimmer

Liegt das Schlafzimmer nahe der Eingangstür?	☐	☐
Befindet sich das Bett zwischen Schlafzimmertür und Fenster?	☐	☐
Ist das Bad oder WC direkt mit dem Schlafzimmer verbunden?	☐	☐
Sind große Spiegel im Raum, reflektieren sie die Schlafenden?	☐	☐
Hängen schwere Lampen über dem Bett, oder schlafen Sie unter Balken?	☐	☐
Befindet sich ein Bücherbord über dem Kopfende?	☐	☐

Wachen Sie morgens erholt auf?

Was ist Feng Shui?

Stehen Ihre Möbel so, daß die Energie frei fließen kann?

	Ja	Nein
Küche		
Steht der Kochende mit dem Rücken zur Tür?	☐	☐
Befindet sich oberhalb des Herdes ein schwerer Dunstabzug, oder läuft ein Balken darüber?	☐	☐
Steht der Herd in der Ecke?	☐	☐
Befindet sich neben dem Herd die Spüle oder der Kühlschrank?	☐	☐
Leidet die Küche unter schlechter Luftqualität?	☐	☐
Eßzimmer		
Liegt das Eßzimmer weit entfernt von der Küche?	☐	☐
Ist der Raum mit vielen alten oder belastenden Gegenständen dekoriert?	☐	☐
Hat der Eßtisch eine Glasplatte?	☐	☐
Hat der Tisch eine Trennfuge, wie sie bei Ausziehtischen vorkommt?	☐	☐
Hat der Tisch abgeschrägte Ecken?	☐	☐
Wohnzimmer		
Ist das Zimmer sehr weitläufig und offen gestaltet?	☐	☐
Befinden sich Ihre Sitzmöbel mitten im Raum?	☐	☐
Liegt das Fenster direkt gegenüber der Tür?	☐	☐
Trifft sich Ihre Familie nur selten im Wohnzimmer?	☐	☐
Befindet sich hier ein offener Kamin, der kaum genutzt wird?	☐	☐
Wintergarten		
Fühlen Sie sich in Ihrem Wintergarten manchmal ungeschützt?	☐	☐
Ist es schwierig oder unmöglich, die Glasflächen bei Bedarf zu schließen oder abzudunkeln?	☐	☐
Sollte der Raum mehr Pflanzen beherbergen?	☐	☐
Ragt der Wintergarten sehr weit aus dem Gebäudegrundriß vor?	☐	☐
Kinderzimmer		
Schläft Ihr Kind nahe an der Tür oder zwischen Tür und Fenster?	☐	☐
Steht der Schreibtisch so, daß Ihr Kind mit dem Rücken zur Tür lernen muß?	☐	☐

Was wollen Sie verändern?

	Ja	Nein
Lernt Ihr Kind am liebsten im Bett oder am Küchentisch?	☐	☐
Kommt Ihr Kind trotz seines Alters nach wie vor regelmäßig zu Ihnen ins Bett?	☐	☐

Bad und WC

	Ja	Nein
Steht bei Ihnen die Badezimmertür meist offen?	☐	☐
Ihr Bad oder WC hat kein Fenster?	☐	☐
Haben Sie sich schon mal darüber geärgert, daß das Badezimmer zu wenig Licht hat?	☐	☐
Wünschen Sie sich gelegentlich einen größeren Spiegel?	☐	☐
Steht der WC-Deckel meistens offen?	☐	☐

Geht Ihre Energie »den Bach runter«?

Büro

	Ja	Nein
Ist das Büro mit Unterlagen und Büchern vollgestopft?	☐	☐
Können Sie von Ihrem Arbeitsplatz aus die Tür nicht sehen?	☐	☐
Blicken Sie direkt aus dem Fenster oder unmittelbar an eine Wand?	☐	☐
Ist Ihr Schreibtisch sehr überladen, und finden Sie es schwierig, Ordnung zu halten?	☐	☐

Abstellraum

	Ja	Nein
Ist der Abstellraum eher schlecht beleuchtet?	☐	☐
Ist er mit vielen unwichtigen Dingen vollgestopft?	☐	☐

Zonen des Staus?

Dachboden und Keller

	Ja	Nein
Befindet sich im Dachboden oder Keller viel Gerümpel?	☐	☐
Können Sie sich nicht von diesen Dingen trennen, da man ja nie weiß, ob man sie nicht nochmal braucht?	☐	☐

▶ Je öfter Sie mit »Ja« antworten mußten, desto mehr Aspekte Ihres Wohnumfeldes können verbessert werden.

Die Prinzipien des Feng Shui sind sehr klar und einfach. Schritt für Schritt werden Sie sich im Verlauf dieses Buches mit den nötigen Erklärungen und Abhilfen vertraut machen, so daß Sie nach der Lektüre genau Bescheid wissen, welche Veränderungen Sie durchführen möchten.
Viel Spaß bei der Reise durch Ihr persönliches Feng-Shui-Land ...

Schritt für Schritt zum Ziel

Weisheit und Werkzeuge des Feng Shui

Und schon geht's los: Am besten nehmen Sie nun eine Kopie Ihres Wohnungsplans, in die Sie alle Möbel einzeichnen, und einen Plan Ihres Gartens (wenn Sie einen haben) mit Beeten und allen größeren Pflanzen. Außerdem brauchen Sie das Bagua-Transparent von Seite 96, dazu Notizpapier und Stift. So können Sie gleich anmerken, wo es Problembereiche in Ihrer Wohnung gibt und was Sie dort verändern wollen.

Lebensenergie »Chi«

Die Kraft, die alles bewegt und belebt

Feng Shui geht von der Überlegung aus, daß alles, was uns umgibt, aus Energie besteht. Unter diesem Begriff ist nicht so sehr Energie im Sinne von Elektrizität aus der Steckdose gemeint, sondern jene universelle Kraft, die die Welt bewegt und deren Ursprung und Wesen in den modernsten Kernforschungszentren eifrigst nachgespürt wird. Im alten Indien nannte man diese Energie *Prana,* in Japan *Ki* und in China *Chi* (»Tschi« gesprochen).

Diese feinstoffliche Substanz, aus der der gesamte Kosmos besteht, fließt auch in uns. Durch das Atmen und das Essen nehmen wir laufend Chi in uns auf. Auch unsere seelische und geistige Entwicklung wird von diesem universellen Energiestrom gelenkt. Alle Grundsubstanzen, alle lebenden Körper und jede »tote« Materie werden von dieser Kraft gesteuert.

■ Diese unsichtbare Chi-Lebensenergie kann mit Hilfe von Feng Shui optimal ins Fließen gebracht werden. Dies kann in uns geschehen durch positive Gedanken und Gefühle und beeinflußt direkt die Gesundheit, kann aber auch im äußeren Umfeld wie der Wohnung oder dem Grundstück eingesetzt werden, was dann das Schicksal und Wohlergehen im weiteren Sinne beeinflußt.

Den Energiefluß optimieren

Energie soll fließen

Das Prinzip natürlicher Bewegung

Die Natur kennt nur fließende Bewegungen. Jeder natürliche Bach mäandriert durch die Landschaft, und selbst wir Menschen bewegen uns niemals entlang einer exakten Geraden von A nach B. Ganz im Gegenteil ist es sogar so, daß wir diese perfekten Achsen als anstrengender empfinden als sanfte, schwingende Formen. Beobachten Sie sich beim nächsten Sonntagsspaziergang auf einer Wiese. Wie leicht und beschwingt bewegen Sie sich doch auf dieser, und wie ermüdend ist im Vergleich dazu der scheinbar hindernisfreie Einkaufsbummel in der Innenstadt.

Energie soll fließen

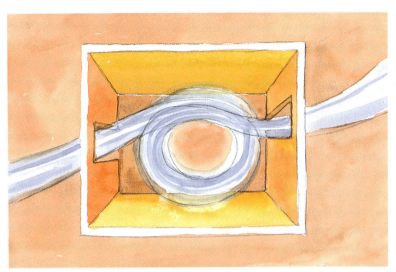

Im freien Fluß schwingt das Chi sanft durch den Raum.

Nach diesem Prinzip sollten alle Bewegungsabläufe innerhalb Ihrer Wohnung in sanft fließender Weise erfolgen. Räume und Möbel sollten so angeordnet sein, daß sie Ihren Bedürfnissen entsprechen und zugleich jeder Bereich gleichmäßig mit Chi versorgt wird.

Feng Shui ist Akupunktur im Raum

Energieblockaden verursachen Probleme

Hier liegt also eines der Geheimnisse des Feng Shui: Freies Zirkulieren und gute Versorgung aller Raumbereiche mit der Lebensenergie Chi führt zu Gesundheit, Erfolg und Wohlbefinden. Blockierte Bahnen verursachen Stau und bringen Hemmnisse oder Krankheit. Die Prinzipien von Energiefluß und -stau sind in der Ganzheitsmedizin seit langer Zeit anerkannt. Selbst die Schulmedizin akzeptiert inzwischen Akupunktur, obwohl diese auf der Annahme basiert, daß sich unsichtbare Energieflüsse in »Meridianen« durch den Körper bewegen. Unter Meridianen versteht man in der Chinesischen Medizin Energieleitbahnen, welche an der Hautoberfläche des Menschen verlaufen und in Verbindung zu Organen und Körperteilen stehen. Kann die Lebensenergie in diesen Bahnen nicht ungehindert fließen, beispielsweise als Folge ungesunder Lebensweise oder durch ein krankmachendes Umfeld, äußert sich das in körperlichen und seelischen Beschwerden. Auf den Meridianen befinden sich Hunderte von Bezugspunkten, über die der geschulte Arzt Kontakt zum jeweils erkrankten Körperteil aufnehmen kann. Mit einer hauchfeinen Nadel sticht er in einen solchen Punkt und gibt damit den heilenden Impuls für das zugeordnete Organ, denn die Blockade im Meridian löst sich, und der Energiefluß stellt sich wieder ein. Somit kann die Gesundung beginnen.

Kleine Eingriffe mit großer Wirkung

■ Im Feng Shui sind es spezielle Hilfsmittel (Seite 59), die ähnlich einer Akupunkturnadel das Chi ins Fließen bringen. Wenn dabei mit der richtigen Absicht der passende Punkt aktiviert, also eine kleine, aber gezielte Änderung in Ihrer Wohnung vorgenommen wird, kann das große und verblüffende Auswirkungen haben.

Und in Ihrer Wohnung?

Die Aufgabe des Feng Shui ist es, in jedem Umfeld den bestmöglichen Chi-Fluß für die Bewohner zu gewährleisten. Innerhalb einer Wohnung oder eines Gebäudes sollen alle wichtigen Bereiche gut mit Energie versorgt werden. Idealerweise zirkuliert der Lebensstrom des Chi leicht und ungehindert von Raum zu Raum, in etwa so, wie ein walzertanzendes Paar sich bewegen würde.

Der »walzertanzende« Chi-Fluß in Räumen

Das Chi tritt in erster Linie durch die Tür in einen Raum. Deshalb haben Zimmer mit nur einer Tür das Handicap, daß der Hauptenergiestrom an derselben Stelle hinein- und hinausfließen muß. Dies bremst die freie Chi-Bewegung, welche durch eine überladene Einrichtung ohnehin oft schon erschwert ist. Daher sollte in solchen Zimmern regelmäßig für ausreichend Platz gesorgt werden.

Ein- und Ausgänge des Chi

Fenster lassen übrigens zusätzliche Energie ein, und durch sie fließt verbrauchtes Chi vorrangig wieder ab. Wenn sich Tür und Fenster direkt gegenüberliegen, entsteht »Durchzug«, und das Chi rauscht geradewegs zum Fenster hinaus.

▶ Wie ist eigentlich der Energiefluß innerhalb Ihrer Wohnung? In welchen Bereichen verweilen Sie und Ihre Gäste besonders gern, und welche Räume halten einen Dornröschenschlaf?
Um festzustellen, wie sich der Chi-Fluß innerhalb Ihrer vier Wände gestaltet, benötigen Sie die Fotokopie Ihres Grundrißplans, oder Sie fertigen selbst eine einfache Skizze an, in die Sie auch Ihre Möbel einzeichnen. Ähnlich der folgenden Abbildung, zeichnen Sie in

PRAXIS

Schneidendes Chi oder Sha-Chi

25

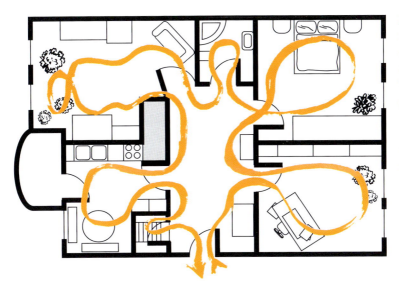

Zeichnen Sie den Fluß der Energie auf Ihrem Wohnungsplan ein – lassen Sie Ihren Stift dabei »Walzer tanzen«.

Ihrem Plan mit Farbe den Bewegungsfluß der Energie ein. Beginnen Sie beim Eingang, und folgen Sie in zirkulierenden (»walzertanzenden«) Bewegungen dem Chi von Raum zu Raum. Wo gibt es unbelebte Winkel und Ecken, an welcher Stelle blockieren Möbel den Weg, welchen Raum würden Sie am liebsten ganz auslassen? Überall dort, wo Sie beim Zeichnen bemerkt haben, daß der Stift nicht ganz freiwillig »hingetanzt« ist, muß ein Chi-Mangel erwartet werden. Übermäßig vollgeräumte Zimmerbereiche, Räume ohne Fenster (Abstellraum, Bad, WC), dunkle Ecken und selten genutzte Wohnungsteile sollten daher aktiviert werden. Geeignet dafür sind alle ab Seite 59 angeführten Maßnahmen der Chi-Aktivierung.

Chi-Mangel?

Schneidendes Chi oder Sha-Chi

Energie ist nicht zwangsläufig förderlich, sie kann unter bestimmten Voraussetzungen auch belastend wirken. Im Feng Shui nennt man sie dann *Sha* oder *Sha-Chi*.
Da die Natur nur fließende Bewegungen kennt, sind längere Geraden unnatürlich, und die Beobachtung hat gezeigt, daß sich überall dort, wo von Menschenhand solche Geraden geschaffen wurden, belastende Energien aufbauen. Sha-Chi entsteht durch Leitungen,

»Energie-autobahnen«

Kanäle, Straßen, Geleise, Brücken, am Ende einer Sackgasse, auch im Haus in einem langen Gang oder dann, wenn eine Treppe oder ein Fenster einer Tür direkt gegenüberliegt. Dort wird die Energie – wie auf einer Autobahn – zu sehr beschleunigt und wirkt dadurch überwältigend. In dem Raum am Ende eines langen Ganges sollte niemand gegenüber der Tür schlafen oder arbeiten.

Sha-Energie entsteht auch durch Mauerkanten, Hausecken, Dachkanten, durch Laternen oder Hinweispfeile. Jeder in den Raum ragende spitze Gegenstand sowie scharfe Ecken von Schränken oder Tischen wirken ebenfalls wie Messer und erzeugen Sha. Dieses Schneidende Chi sollte nicht langfristig auf Menschen einwirken. Eine nachhaltige Irritation wäre die Folge. Ein lernendes Kind beispielsweise wird eher Konzentrationsschwächen und Lernprobleme vor einer solchen Kante entwickeln als an einem störungsfreien Lernplatz. Vor allem Schlafplätze, Kochstellen und Sitzplätze sollten frei sein von Schneidendem Chi oder zumindest in gebührender Entfernung davon – die Wirksamkeit verringert sich nämlich proportional zum Abstand.

Schneidendes Chi

Das können Sie tun

▶ Abhilfe bei einer »Energieautobahn« bringen bremsende und Chi-verteilende Maßnahmen, Anregungen dazu ab Seite 59. Tips zum Schutz gegen Schneidendes Chi des Umfelds finden Sie auf Seite 53. In der Wohnung können Sie Mauerkanten und Möbelecken zum Beispiel mit großen Zimmerpflanzen entschärfen. Im Prinzip läßt sich jeder Gegenstand, der groß genug ist, die Kante abzudecken, dafür benutzen.

Alles ist mit allem verbunden

Wie innen so außen

Alte Überlieferungen sprechen immer wieder davon, daß unser Universum nach exakten Grundstrukturen aufgebaut ist. Von jeher haben sich die großen Denker wie Lao Tse oder Konfuzius mit diesen Zusammenhängen beschäftigt. In den »Hermetischen Schriften«, die als Basis westlichen esoterischen Denkens gelten, stellt ihr mythischer Autor Hermes Trismegistos fest, daß sich jedes Ereignis und Muster, und sei es noch so klein, auch im größeren Zusam-

Universelle Gesetzmäßigkeiten

Alles ist mit allem verbunden

menhang widerspiegelt. Wie oben so unten, wie innen so außen, wie im Kleinen so im Großen – oder anders ausgedrückt: wie im Mikrokosmos so im Makrokosmos. Dies bedeutet, daß unser Denken, unser Fühlen, unsere Erziehung, unsere Kultur, unsere psychischen »Muster«, kurzum alles, was und wer wir sind, im äußeren Umfeld seine Entsprechung findet.

Das Umfeld als Spiegel ■ Daher ist Ihre Wohnung, aber auch Ihre Gesundheit, ein Spiegel Ihrer Persönlichkeit. Und umgekehrt können Sie über Ihre Wohnung Ihr Befinden und Ihre persönliche Entwicklung beeinflussen.

Der Biochemiker und Zellbiologe Rupert Sheldrake formulierte vor einigen Jahren die These des »Morphogenetischen Feldes« und bewies mit seinen Forschungsergebnissen, warum Feng Shui wirkt. Er erkannte, daß alles mit allem verbunden ist, weshalb eine Veränderung in einem Teil (beispielsweise der Wohnung) auch eine Auswirkung in einem anderen System (den jeweils damit verbundenenen Personen) haben muß. Feng Shui wirkt, weil es auf diesen universellen Gesetzmäßigkeiten aufbaut.

Das innere Feng Shui

Unser Umfeld übt einen wesentlichen Einfluß auf uns aus, da wir immer mit ihm in Beziehung stehen. Es ist nun mal ein Riesenunterschied, ob ein Wohnhaus inmitten grüner Wiesen und Wälder steht oder an einer stark befahrenen Straße in der Großstadt. Untersuchungen haben allerdings gezeigt, daß die Wirkung eines Umfelds letztlich von uns selbst, von unserer Gedankenenergie bestimmt wird. Es hat sich herausgestellt, daß Menschen, die ein fröhliches und positives Gemüt haben, ein störendes Nebenan als weniger belastend wahrnehmen. Die schwächende Wirkung dringt nicht oder nur gedämpft zu ihnen durch. Gewissermaßen gestalten diese Menschen ihre Umwelt selbst, und zwar nicht, weil sie sich eine heile Welt vorgaukeln, sondern weil sie aus ihrem innersten Naturell heraus gelernt haben, das Belastende nicht noch zusätzlich zu nähren. Statt dessen verwenden sie ihre ganze Kraft dafür, das Positive zu stärken.

Mit Gedankenkraft das Leben gestalten

Genauso, wie das Licht die Dunkelheit überwindet, kann eine fröhliche und optimistische Lebenshaltung vieles umwandeln. Vielleicht erinnern Sie sich daran, wenn Sie sich das nächste Mal über Ihren Nachbarn oder den Lärm aus der Umgebung ärgern.

■ Alle äußeren Feng-Shui-Maßnahmen können demnach durch die richtige Einstellung enorm gestärkt werden. Ihre Gefühle, Gedanken und Vorstellungen sind die Werkzeuge des inneren Feng Shui. Jede bewußt und mit Freude durchgeführte Feng-Shui-Verbesserung wird daher hilfreicher wirken, als wenn die Veränderung in Streß, Ärger oder Zweifel durchgeführt wurde. Denn Feng Shui strebt die Harmonie der inneren, feinstofflichen (Gedanken-)Welt mit der äußeren, physischen Umgebung an.

Werkzeuge des inneren Feng Shui

Gedanken sind höchst wirksame Kräfte, die das Leben stark beeinflussen. Erfolgreiche Sportler sind daher immer auch »Weltmeister im Positiv-Denken«, denn vor jedem Triumph steht das zielorientierte Training und die Vorstellung des zukünftigen Erfolgs. Im Prinzip wäre es deshalb sogar möglich, sich Feng-Shui-Lösungen nur zu denken; dies würde jedoch viel Erfahrung, Zentrierung und auch innere Überzeugung voraussetzen – ohne jede Form von Selbstzweifel. Um Feng Shui jedem zugänglich zu machen, werden Gegenstände mit Symbolkraft zur Unterstützung verwendet. Sie erinnern uns ständig an unser Thema und unsere Wunschvorstellung, und sie wirken auch im Unterbewußtsein.

Symbole unterstützen die Gedanken

Die Wirkung auf andere

Wann immer Sie Möbel umstellen, Bilder aufhängen oder ein Zimmer neu ausmalen, betreiben Sie Feng Shui. Sie verändern Ihr Umfeld und somit den Energiefluß und die Schwingung innerhalb der Wohnung. Dies beeinflußt alle Mitglieder Ihrer Familie, jedoch unterschiedlich stark. Denn jeder Mensch hat seine charakterlichen Eigenheiten und läßt Veränderungen nur durch einen individuellen »Filter« zu. Dies ist auch gut so, denn dadurch sind wir nicht so leicht zu beeinflussen und können selbstbestimmt handeln.

Jeder reagiert individuell

▶ Wenn eine Maßnahme nur für Sie persönlich gedacht ist, so können Sie in Ihrem privaten Bereich oder in einer Zone, in der Sie sich bevorzugt aufhalten, eine Veränderung vornehmen, um eine Beeinflussung der Mitbewohner zu vermeiden.

Yin und Yang – Leben in Balance

Das Prinzip der Polarität

Um Harmonie im Leben zu erreichen, sollten sowohl das äußere Umfeld als auch die verschiedenen Aspekte des persönlichen Lebens weitestgehend in Balance sein. Eine vernünftige Mischung aus Aktivität und Ruhe beispielsweise hilft, die eigene Entwicklung voranzutreiben und dennoch Muße und Regenerationsmöglichkeit zu finden. Solche gegensätzlichen Impulse werden in China mit »Yin« und »Yang« bezeichnet.

Die Kräfte des Yin und Yang zeigen uns, daß alles im Universum nach diesen zwei gegensätzlichen, sich aber ergänzenden Prinzipien ausgerichtet ist. Diese Zweiheit oder Polarität findet sich beispielsweise im Wechsel von Tag und Nacht oder in der Aufeinanderfolge von Ein- und Ausatmen beim Menschen.

Yin und Yang – zwei Seiten einer Welt

Yin und Yang treten paarweise auf und sorgen gemeinsam für Harmonie und Ausgleich. Das Yin kann ohne das Yang nicht sein, die Helligkeit nicht ohne die Dunkelheit, Wärme gibt es nur, weil auch Kälte existiert, der Pluspol einer Batterie benötigt den Minuspol, und ebenso ergänzen sich Männliches und Weibliches.

Die Worte Yin und Yang sind lediglich Adjektive: Nichts ist als solches Yin oder Yang, nur in Beziehung zu etwas anderem hat es Yin- oder Yang-Qualität.

So äußern sich Yin und Yang in der Natur

Yin	Yang	Yin	Yang
Kalt	Warm (Heiß)	Gebrochene Linie (im I Ging)	Geschlossene Linie
Dunkel	Hell	Tiger	Drache
Weich	Hart	Tal	Berg
Schwer	Leicht	Unten	Oben
Feucht	Trocken	Rechts	Links
Zusammengezogen	Ausgedehnt	Hinten	Vorn
Trüb	Rein	Abwärts	Aufwärts
Weiblich	Männlich	Nach innen	Nach außen
Jünger	Älter	Gerade Zahlen	Ungerade Zahlen
Negativ	Positiv	Offener Raum	Feste Strukturen
Reagierend	Agierend	Geschwungene Formen	Geometrische Formen
Aufnehmend	Eindringend	Schattenseite	Sonnenseite
Körper	Seele		
Erde	Himmel		

Lebensenergie »Chi«

Jedes Ding hat sowohl Yin- als auch Yang-Eigenschaft, nur das Verhältnis ist jeweils unterschiedlich und wie der Balken einer Waage immer in Bewegung. Dies veranschaulicht auch das Symbol, denn Yin enthält bereits ein wenig Yang (dargestellt als weißer Punkt in der schwarzen Fläche), und in Yang wohnt bereits etwas Yin (der schwarze Punkt in der weißen Fläche). Problematisch wird die Sache jedoch, wenn Yin oder Yang auf Kosten des jeweils anderen extrem überbetont wird. Das kennen wir alle aus eigener Erfahrung: Je mehr wir beispielsweise unseren Intellekt, unser Wissen ausprägen, um so schwieriger entwickelt sich meist die Partnerschaft, oder je intensiver ein Jungunternehmer versucht, schnell zu viel Geld zu kommen, um so mehr Fehler werden ihm unterlaufen, und er wird vieles wieder verlieren.

Ausgewogenheit ist wichtig

■ Im Grunde genommen lassen sich alle Disharmonien Ihres Lebens, ob in Gesundheit, Partnerschaft, Beruf oder Wohnung, auf eine ungleiche Verteilung von Yin und Yang zurückführen.

Werden Yin und Yang daran gehindert, ein Gleichgewicht herzustellen, kann es katastrophale Folgen haben, wenn sich dieses letztlich doch einstellt. Ein Fahrradreifen wird nur dann seine Funktion erfüllen, wenn der Luftdruck innen und die Stärke des Mantels ein harmonisches Gleichgewicht erzeugen. Hat der Reifen zu wenig Druck, ist er nicht zu gebrauchen, hat er zu viel Druck, wird das Gleichgewicht wiederhergestellt, indem der Reifen platzt: Yin und Yang wandeln sich in Form einer Katastrophe ineinander um. – Das Universum schafft immer Ausgleich. Feng Shui setzt das Wissen um diese Gesetzmäßigkeiten zu unserem Wohle ein.

Das Prinzip des Ausgleichs

▶ Bei allem, was Sie tun, sollten Sie ein ausgewogenes Wechselspiel der gegensätzlichen Kräfte anstreben. Ansonsten würde Einseitigkeit entstehen, und die universellen Gesetzmäßigkeiten müßten selbst, beispielsweise über den Weg der Krankheit, für Ausgleich sorgen. Feng-Shui-Maßnahmen können helfen, die nötige Balance wiederherzustellen, denn nach dem Prinzip des Ausgleichs sorgen sie in ruhigen Zonen für Aktivität und wirken andererseits dort stabilisierend ein, wo bereits ein Zuviel an Dynamik vorhanden ist.

Die Balance wiederherstellen

Die Fünf Wandlungsphasen

Die Ursprünge des gesamten chinesischen Denkens liegen in den Lehren des Taoismus begründet, einer Philosophie, die auf der Beobachtung der natürlichen Welt und ihrer Wirkungsweisen aufbaut. So stützen sich die chinesischen Wissenschaften, insbesondere die Medizin, in ihren Beschreibungen stark auf Naturmetaphern. Am deutlichsten kommt das im System der »Fünf Elemente« oder »Fünf Wandlungsphasen« zum Ausdruck.

Dynamische Umwandlung ist allgegenwärtig

Die Chinesen machten die Erfahrung, daß dynamische Umwandlung etwas Allgegenwärtiges ist. Die Saat (Yin) wächst zur Pflanze heran (Yang), welche stirbt und zu Erde zerfällt (Yin). Das alles findet im jahreszeitlichen Wechsel statt. Der Winter (Yin) verwandelt sich über den Frühling in den Sommer (Yang), der wiederum über den Herbst zum Winter wird.

Die Fünf Elemente sind Symbole für derartige Prozesse, Funktionen und Eigenschaften, die in der Natur beobachtet wurden:

Holz:	wachsend, elastisch, verwurzelt, stark
Feuer:	trocken, heiß, aufsteigend, bewegend
Erde:	ergiebig, fruchtbar, Potential für Wachstum
Metall:	schneidend, hart, leitend
Wasser:	naß, kühl, absteigend, fließend, nachgiebig

Die Symbolik der fünf Elemente

Alle diese Elemente enthalten sowohl Yin- als auch Yang-Aspekte. Sie weisen damit darauf hin, daß alles mit allem in Austausch und in Beziehung ist. Weil es sich hierbei um laufend in Veränderung befindliche Energiezustände handelt, benutze ich auch den Begriff »Wandlungsphasen«. Das System der Fünf Wandlungsphasen beschreibt, wie sich die unterschiedlichen Elemente zueinander verhalten und welche Beziehung sie miteinander haben, da sie sich gegenseitig bedingen und beeinflussen.

Alles steht mit allem in Beziehung

Obwohl wir es hier mit einem sehr alten System zu tun haben, ist die Anwendung in der Feng-Shui-Praxis hochaktuell. Wann immer Sie ein Grundstück, Haus, Büro oder Zimmer betrachten, nehmen Sie bewußt oder unbewußt die dort in Material, Form und Farbe vorhandenen Elemente wahr und spüren, ob deren Mischung ausgewogen ist oder ob ein Element dominiert.

Der Zyklus der Schöpfung und der Kontrolle

Vielleicht erinnern Sie sich an das bekannte Knobelspiel, bei dem zwei Kinder gleichzeitig ein Symbol mit ihrer Hand formen. Eine geschlossene Faust bedeutet »Stein«, die flache Hand »Papier« und die gespreizten Zeige- und Mittelfinger stehen für »Schere«. Wenn das Papier auf die Schere trifft, so ist die Schere die Stärkere, während die Schere beim Stein ihre Schneidkraft einbüßt und somit der Verlierer ist. Sollte der Stein jedoch auf das Papier treffen, so siegt diesmal das Papier, weil es den Stein umhüllt und somit kontrolliert. Damit lernen bereits unsere Kleinsten auf spielerische Weise, daß man immer erst dann feststellen kann, wie etwas wirkt, wenn man den Gesamtzusammenhang kennt. Einmal siegt die Schere, ein andermal verliert sie.

Wie »Stein, Papier, Schere«

Genauso verhält es sich mit den Fünf Wandlungsphasen, denn um die Wirkung eines Elements festzustellen, muß man dessen unmittelbares Umfeld betrachten. Kurz gesagt, geht es darum, die Beziehungen der einzelnen Elemente zueinander zu betrachten. Dargestellt werden diese unterschiedlichen Beziehungen als Kreisläufe oder Zyklen. Wenn sich die jeweils benachbarten Elemente harmonisch fördern, so nennt man dies den »Schöpferischen Zyklus«, während ein hemmendes Verhältnis als »Kontrollierender Zyklus« bekannt ist.

Ziel ist das Gleichgewicht der Elemente

■ Der *Zyklus der Schöpfung* beschreibt, wie die einzelnen Wandlungsphasen harmonisch ineinander übergehen, sich ineinander (ver-)wandeln. Ebenso wie der Geburt das Wachstum und dem Frühjahr der Sommer folgt, folgt nach dem Osten der Süden, dem Holz das Feuer und so fort. Das Chi sollte immer im Fluß von einem Element zum nächsten sein, da Harmonie nur dort entsteht, wo die Zyklen harmonisch ablaufen. Ein ungleichmäßiger Kreislauf würde zu Krankheiten oder Problemen führen.

… durch Förderung und Kontrolle untereinander

Der zweite wichtige Kreislauf ist der *Zyklus der Kontrolle*. Dieser gibt Auskunft über jene Elemente, welche zueinander eine hemmende, also kontrollierende Beziehung haben. Auch innerhalb dieses Rades muß Gleichgewicht herrschen. Dieses tritt ein, wenn ein Element das übernächste des Schöpferischen Zyklus ausreichend kontrolliert, und wenn es selbst wiederum vom vorletzten Element genügend kontrolliert wird.

Die Fünf Wandlungsphasen

PRAXIS 33

Zyklus der Schöpfung – »Holz nährt Feuer«

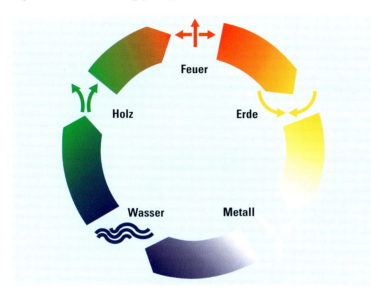

Zyklus der Kontrolle – »Wasser löscht Feuer«

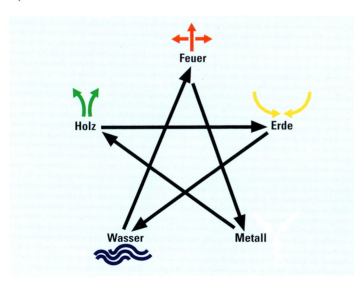

Holz: Wird vom Wasser genährt (ein Baum benötigt Wasser zum Wachsen) und kontrolliert die Erde (der Baum entzieht der Erde Nährstoffe).
Die Holzenergie ist nach oben und außen gerichtet, expandierend.

Feuer: Wird vom Holz genährt (aus Holz entsteht Feuer) und kontrolliert das Metall (Feuer kann Metall schmelzen und somit verformen).
Die Feuerenergie ist aktiv.

Erde: Wird vom Feuer genährt (Feuer erzeugt Asche) und hat Kontrolle über das Wasser (Dämme begrenzen Wasser).
Die Erdenergie ist absteigend und sammelnd.

Metall: Wird von der Erde genährt (in der Erde entstehen die Metalle und werden aus ihr geborgen) und kontrolliert das Holz (die Axt spaltet Holz).
Die Energie des Metalls ist zusammenziehend, verdichtend und nach innen gehend.

Wasser: Wird vom Metall genährt (in einem Metallgefäß erzeugt eine kalte Füllung Kondensflüssigkeit an der Außenseite; verflüssigtes Metall fließt wie Wasser) und hat Kontrolle über das Feuer (Wasser löscht Feuer).
Die Energie des Wassers ist fließend.

Lebensenergie »Chi«

Wie ist das Chi verteilt?

Alles im Universum ist Energie und läßt sich daher über die Fünf Wandlungen beschreiben. So erhalten wir Auskunft über das Chi einer Landschaft, eines Gebäudes oder eines Menschen.
Jede Gebäude- oder Landschaftsform, jedes Körperorgan, jede Krankheit, jedes Nahrungsmittel, jede Jahres- oder Tageszeit, jede Farbe weist auf ein dominantes oder schwaches Element hin.
Und selbst aus dem Verhalten und Charakter eines Menschen läßt

Ausprägung der Elemente erkennen

Wichtige Merkmale der Fünf Wandlungsphasen

	Holz	Feuer	Erde	Metall	Wasser
Symbole					
Form	hoch, aufstrebend, zylindrisch	spitz und scharfkantig, dreieckig	flach	rund und kuppelig	wellig und unregelmäßig
Gebäudeform					
Farbe	Grün	Rot	Gelb (Mehr über Farben finden Sie auf Seite 67)	Weiß	Schwarz, Blau
Kleidung	Designerkleid, Hüte, längsgestreift	dramatisch, auffällig	Lässig und gemütlich, tiefe Strukturen	Anzüge, formal	weit, dunkel, Sportbekleidung
Emotion	Güte und Ärger	Freude und Haß	Ruhe und Sorge	Mut und Gram	Milde und Furcht
Themen in Beziehungen	Flexibilität, Aufnahmefähigkeit	Auftreten, Ausdrucksfähigkeit	Geben und Nehmen, Aufrichtigkeit	Reden und Zuhören, Gerechtigkeit	Wissen, Weisheit, Kontakte
Richtung im Raum	Osten	Süden	Mitte	Westen	Norden
Pflanzenformen	hochstrebend	Blüten	nach unten hängend	spitz und nadelig	wellig
Planeten	Jupiter	Mars	Saturn	Venus	Merkur

Die Fünf Wandlungsphasen

sich ableiten, welches Wandlungselement eher schwach oder gar zu stark ausgeprägt ist. Aus dieser Beobachtung lassen sich gezielte Maßnahmen zum Harmonisieren des Chi-Flusses ableiten.

Die Tabelle links zeigt die wichtigsten Merkmale der Fünf Wandlungen. Ideal wäre, wenn alle Elemente in Ihnen und Ihrer Wohnung zu erkennen sind. Zumeist ragt eines heraus; dieses bevorzugte Element darf jedoch nicht extrem überbetont sein, da dies sonst zu einem Ungleichgewicht führen könnte.

Ideal ist, wenn alle Elemente vorhanden sind

Beispielsweise könnte eine »Feuer-dominierte« Person daran zu erkennen sein, daß sie ein sehr dramatisches und vielleicht gar exzentrisches Auftreten an den Tag legt, launisch und kritisch sein kann und sich gerne in Rot kleidet. Um dieses Thema nicht noch weiter zu verstärken, sollte daher in der Wohnung soweit wie möglich auf feurige Formen (spitz, dreieckig) verzichtet werden und auch die Farbe Rot nicht zu häufig zum Einsatz kommen.

Ungleichgewicht beheben

Umgekehrt ließe sich ein Defizit an Feuer, welches sich beispielsweise in Mangel an Freude und Ausdrucksfähigkeit äußert, dadurch beheben, daß mehr Rottöne oder andere dramatische Elemente in die Wohnung oder die Kleidung integriert werden.

Da dem Feuer auch die Himmelsrichtung Süden zugeordnet ist, sollte unbedingt auch im südlichen Teil der Wohnung nach dem Rechten gesehen werden. Zu viele dunkle oder wäßrige Elemente würden die Feuerenergie löschen, während ein kleiner Anteil an Wasser, vor allem mit Pflanzen oder Grün kombiniert (Element Holz), das Feuer sogar noch unterstützen würden (Wasser nährt Holz und dieses erzeugt Feuer).

An Astrologie Interessierte finden in der Tabelle außerdem die den Elementen zugeordneten Planeten, denn auch aus dem Horoskop können gewisse Schwächen und Stärken deutlich ersehen werden.

▶ Welche Farben und Formen dominieren innerhalb und außerhalb Ihrer Wohnung? Welche Emotionen und Beziehungsthemen sind bei Ihnen eher schwach oder besonders stark ausgeprägt? – Die Analyse zeigt, welches Element in Ihrer Wohnung zu stärken oder zu schwächen ist. Wenn Sie unsicher sind, wie die Elemente bei Ihnen gewichtet sind, so fragen Sie am besten Ihre Freunde, wie diese Sie erleben, wie sie Ihr Heim empfinden und wie sie es beschreiben würden. Durch so eine Schilderung können Sie leicht erkennen, welche Elemente Stärkung oder Milderung brauchen.

Und Ihre »Stärken und Schwächen«?

Lebensenergie »Chi«

Ausgleich der Fünf Elemente

Der Schöpferische und der Kontrollierende Zyklus (Seite 33) zeigen Ihnen, wie Sie grobe Einseitigkeiten innerhalb Ihrer Wohnung vermeiden und Ausgleich in Ihr Leben bringen können:

»Holz nährt Feuer«

Elemente stärken: Ein zu geringes Feuerpotential beispielsweise wird durch Holzenergie genährt, ein Erddefizit läßt sich durch Feuer ausgleichen – entsprechend dem Schöpferischen Zyklus.
Elemente schwächen: Ein Übermaß kann durch das Kontroll-Element (siehe Kontrollierender Zyklus) ausgeglichen werden.
Feuer wird beispielsweise von Wasser kontrolliert, Holz von Metall.

»Wasser löscht Feuer«

»Feuer nährt Erde« und wird so schwächer

Um ein dominantes Element zu schwächen, kann man auch die Energie des starken Elements zum nächsten in der schöpferischen Reihe weiterleiten. Ein Zuviel an Feuer kann somit durch Erde (wird von Feuer erzeugt) erschöpft werden.
Sollten Ihre Räume und Möbel beispielsweise fast nur in Weiß und Silber erstrahlen, so hat Ihre Wohnung möglicherweise einen ausgeprägten Metallüberschuß. Reduzieren Sie die Metallenergie, indem Sie metallene Gegenstände sowie runde oder bauchige Formen entfernen, und sorgen Sie statt dessen für mehr »Wasserenergie«, entweder durch einen Zimmerbrunnen oder ein Aquarium, kleine Farbakzente in Dunkelblau und Schwarz, oder integrieren Sie wellige Muster und Formen. Dadurch kann sich die übermäßig vorhandene Metallenergie sinnvoll zum Element Wasser ableiten.

Wichtig: der Intuition folgen

Ein sehr wichtiger Aspekt des Feng Shui ist es, der eigenen inneren Stimme, der Intuition immer mehr zu vertrauen. Das, was wir im »kleinen Finger haben«, das Gefühl für die Dinge, darf niemals zugunsten irgendwelcher Dogmen geopfert werden. Es hat sich nämlich herausgestellt, daß eine gezielte Veränderung und Verbesserung eines Umfelds nur dann positive Auswirkungen hat, wenn auch auf die innere Stimme geachtet wurde.
Gleichzeitig sollte immer das eigene Empfinden für Ästhetik und Schönheit berücksichtigt werden, da Sie andernfalls unter nicht stimmigen Veränderungen leiden würden – der Sinn jeder Feng-

Ihr eigenes Gefühl ist maßgebend

Wichtig: der Intuition folgen

Shui-Umgestaltung wäre dadurch sofort wieder in Frage gestellt. Was Sie selbst als schön und wohltuend empfinden, ist maßgebend, nicht was »in« ist oder im Feng-Shui-Laden verkauft wird.

Wach sein für Hinweise

Kinder sind übrigens sehr gute Wegweiser, denn sie reagieren direkt und ungeschminkt auf nicht stimmige Situationen.
Wenn Haustiere ein seltsames Verhalten an den Tag legen oder außergewöhnlich oft krank werden, können sie damit unmittelbar zu erkennen geben, daß das Leben einer Person beziehungsweise die Energie einer Wohnung nicht im Gleichgewicht ist.
Manchmal sind es ganz unscheinbare Alltagsereignisse, die andeuten, wie Sie gewisse Dinge entscheiden sollten.

Freimachen von Falsch-Richtig-Bewertungen

Wichtig bei allem, was mit Feng Shui zu tun hat, ist, daß Sie sich freimachen von Dogmen und Falsch-Richtig-Bewertungen. Bei ehrlicher Betrachtungsweise erkennt man oft nur allzuschnell, daß es nichts gibt, was einseitig nur gut oder einseitig nur schlecht sein kann. Alles ist vielschichtig und kann je nach Umfeld unterschiedlich bewertet werden (siehe Yin und Yang, Seite 29).

»Do simple things well ...«

Die Magie der kleinen Dinge

Dieser englische Spruch erinnert an die Magie der kleinen Dinge. Allzuoft denken wir bei Problemlösungen viel zu kompliziert und übersehen darüber das Naheliegende, Einfache.
Setzen Sie sich mal für einige Stunden in den Stuhl Ihres Angestellten – schnell werden Sie merken, was er wirklich benötigt. Fragen Sie Gäste, was ihnen als erstes auffiel, als sie Ihre Wohnung betraten. Sie werden Hinweise auf ganz alltägliche Dinge bekommen, die Ihnen selbst schon längst nicht mehr auffallen. Lassen Sie defekte Geräte und Armaturen sofort reparieren, da alles Nichtfunktionierende Ursache für blockierten Chi-Fluß ist. Selbst an quietschende oder klemmende Türen, die der Stagnation Vorschub leisten, gewöhnt man sich leider irgendwann. Fragen Sie sich grundsätzlich bei allem, was Sie tun, ob es nicht eine einfachere, aber ebenso effiziente Lösung gäbe. Anstatt beispielsweise den niedrigen Energiepegel in Ihrem Wohnzimmer zu beklagen und große Veränderungen zu planen, sollten Sie die durchgebrannte Glühbirne durch eine neue ersetzen oder eventuell überhaupt eine neue Lichtquelle vorsehen.

Die neun Lebensfelder im Bagua

Sehr hilfreich zur Analyse der Wohnung

Ein sehr hilfreiches System zur Analyse Ihrer Wohnung, Ihres Hauses oder Arbeitsplatzes ist das »Bagua« mit seinen acht äußeren Abschnitten. Wörtlich übersetzt bedeutet Bagua »Der Körper des Drachen«: In gewisser Weise kann Ihr Zuhause als das Modell eines lebendigen Körpers und seiner Funktionen verstanden werden.
Das Bagua ordnet jedem Bereich einer Wohnung eine spezielle Bedeutung und Wirkung zu – so, wie jedes Körperteil eine bestimmte Aufgabe hat. Diese Bereiche finden sich in einem Appartement ebenso wie auf jeder Etage eines Einfamilienhauses, in jedem einzelnen Zimmer, ja sogar auf dem Schreibtisch oder im Garten.
In Untersuchungen wurde festgestellt, daß in Gebäuden mit unregelmäßigen oder stark unsymmetrischen Grundrissen sowohl das Schicksal der Bewohner als auch deren Gesundheit stark aus dem Gleichgewicht war. Daher empfehlen Feng-Shui-Praktiker, ein Haus so symmetrisch und ausgewogen wie möglich zu bauen, um sicherzustellen, daß alle »Körperteile des Drachen« vorhanden sind.

■ Jeder Abschnitt des Bagua symbolisiert einen Bereich Ihres Lebens. Der Zustand eines Zimmers oder einer Zimmerecke spiegelt die aktuelle Situation Ihrer Karriere, Partnerschaft oder Finanzen. Durch gezielte Maßnahmen (Seite 41) können Sie Baguazonen aktivieren und so spürbaren Einfluß auf Ihr Leben nehmen.

Eine Art Lebens-Lageplan

Die Symbolik verstehen

Sollte in Ihrer »Partnerecke« die Schmutzwäsche stehen, ein Vogelkäfig mit einem einzelnen Wellensittich hängen oder eine vom letzten Maskenball übriggebliebene Handschelle dort gelandet sein, dann ist dies sehr aussagekräftig. Denn jeder Gegenstand birgt eine spezielle Symbolik – je nach Umfeld und Zusammenhang. Demnach könnte der einzelne Vogel im Beispiel für Einsamkeit und Partnerlosigkeit stehen, während der gleiche Vogelkäfig in der »Wissenszone« anzeigen würde, daß Sie sich gerne in Ihren »inneren Raum« zurückziehen, vielleicht sogar meditieren. Es muß also immer der Gesamtzusammenhang gesehen werden.

PRAXIS
Die neun Lebensfelder im Bagua

Wichtig: das Bagua ist kein Orakel

Die Interpretation des Bagua muß in jedem Fall mit Vorsicht und Gefühl durchgeführt werden, denn auch die Ausnahme ist vorstellbar, daß beispielsweise ein Paar eine durchaus harmonische Beziehung lebt, obwohl sich die Partnerzone nach Feng-Shui-Kriterien eher katastrophal darstellt. Denn wir haben selbst Einfluß und somit Herrschaft über unser Chi! Die folgenden Ausführungen sollten daher, wie alles im Leben, durch die Brille der Klarheit und Zurückhaltung gelesen werden – keine der beschriebenen Wohnsituationen führt zwangsläufig zu einem bestimmten Schicksal!

▶ Das Bagua wird immer so angelegt, daß die Grundlinie mit den Bereichen »Wissen/Karriere/Freunde« an der Eingangstür liegt. Diese ist der »Mund des Chi« und prägt die weitere Energieverteilung. Bei einem Einfamilienhaus orientieren Sie sich an der Haupttür, ansonsten richten Sie sich nach der Wohnungstür, da dort die Schwelle zum privaten Lebensraum ist. Wohnen Sie über zwei oder mehr Etagen, gilt jeweils die Treppe als Eingang. Bei Zimmern mit mehreren Türen ist es die meistgenutzte Tür.

Die Größe der Felder wird dem jeweiligen Grundriß angepaßt – ob Zimmer, Wohnung, Garten oder Schreibtisch.

Reichtum	Ruhm	Partnerschaft
Familie	Tai Chi	Kinder
Wissen	Karriere	Hilfreiche Freunde

Das Bagua-Transparent zum Heraustrennen (Seite 96) macht die Bestimmung der Felder leicht.

Die neun Lebensfelder im Bagua

Fehlbereich oder Erweiterung?

Bei unregelmäßigem Grundriß

Wohnungsgrundrisse mit unregelmäßigen Formen – L-Form, Erker oder andere vorstehende Teile – haben »Fehlbereiche« oder »hilfreiche Erweiterungen« im Bagua. Dabei zählen allerdings nur die bewohnten Teile, keine angebauten Garagen oder Schuppen.
Ob es sich um einen Fehlbereich oder eine Erweiterung handelt, zeigt das Größenverhältnis zum Hauptteil:

● Ist der vorragende Abschnitt mindestens halb so groß wie der Hauptteil (in der Länge oder Breite), so wird er ins Bagua miteinbezogen – dadurch fehlt mindestens ein Bereich (siehe Abbildung unten), und es entsteht dort ein Defizit.

Entscheidend: das Größenverhältnis

● Erreicht der vorstehende Teil keine 50 % des Hauptteils, so liegt er außerhalb des Bagua und verstärkt die Zone, aus der er hervorragt, als »hilfreiche Erweiterung«.

▶ Ein Fehlbereich muß mit geeigneten Maßnahmen (Seite 75) ausgeglichen werden, da er sich andernfalls als Defizit in dem einen oder anderen Lebensaspekt der Bewohner manifestieren kann. Erweiterte und somit gestärkte Zonen brauchen üblicherweise nicht behandelt zu werden.

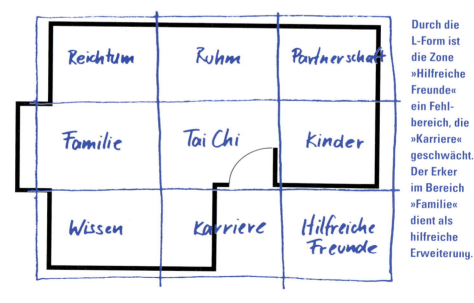

Durch die L-Form ist die Zone »Hilfreiche Freunde« ein Fehlbereich, die »Karriere« geschwächt. Der Erker im Bereich »Familie« dient als hilfreiche Erweiterung.

Die Zonen des Bagua

Wie in einem Achteck als Symbol für innere und äußere Harmonie gruppieren sich die 8 Zonen des Bagua um das Zentrum:

»Karriere«

Die Zone der Karriere befindet sich in der Mitte der Grundlinie des Bagua. Immer, wenn Sie sich mit Fragen Ihres weiteren Lebensweges beschäftigen, sind Sie mit dieser Zone verbunden. Sie symbolisiert den Fluß Ihres Lebens und inwiefern Sie bereits das tun, was Ihre wahre Lebensaufgabe ist. Eine wichtige Ebene, in der sich dies offenbart, ist der Beruf: Entspricht Ihre Tätigkeit auch dem, wozu Sie sich aus tiefster innerer Überzeugung »berufen« fühlen? Wichtig ist, ob Sie das, was Sie tun, gerne und aus Überzeugung tun und dafür auch ein gewisses Maß an Anerkennung erhalten. Da das Leben jedoch aus mehr als nur Arbeit besteht, repräsentiert »Karriere« im übertragenen Sinne Ihren gesamten Lebensweg. Halten Sie also gelegentlich inne und fragen Sie sich, ob Sie sich und Ihrer inneren Stimme überhaupt noch treu sind. Wenn Sie wieder im Begriffe sind, Dinge zu tun oder Umstände zu akzeptieren, die Sie vom persönlichen Weg abbringen, muß gegengesteuert werden.

Lebensweg, Lebensaufgabe

▶ Sollte Ihr Haus- oder Wohnungseingang im Abschnitt »Karriere« liegen, so deutet dies auf die besondere Bedeutung dieses Kapitels für Sie und Ihre Familie hin. Eine Treppe in diesem Bereich kann anstrengendes und unbeständiges Auf und Ab symbolisieren und sollte daher durch gute Beleuchtung sowie erbauliche Bilder harmonisiert werden. Grundsätzlich sollte der Bereich Karriere so gestaltet sein, daß er die für Ihren Lebensweg nötige Klarheit unterstützt: hell und freundlich, einladend und weit.

»Partnerschaft«

Die Ecke der Partnerschaft finden Sie ganz rechts hinten in Ihrer Wohnung. Diese symbolisiert Ihre Beziehungen zu anderen Menschen. Am unmittelbarsten erleben Sie dies in Ihrer festen Partnerschaft, aber auch Liebschaften und Ihre Beziehungen zu guten Freunden, Arbeitskollegen oder Nachbarn sind davon betroffen.

Liebe und andere Beziehungen

Gestalten Sie daher diesen sensiblen Wohnungsbereich besonders partnerschaftsförderlich und harmonisch. Befreien Sie ihn zunächst von allen Möbeln oder Accessoires, die belastend auf Ihre Partnerschaft (und zukünftige Beziehungen) wirken könnten, und verzichten Sie auf Gegenstände oder Bilder mit trennender Symbolik. Passend sind hier Motive der Gemeinsamkeit sowie paarweise angeordnete Hilfsmittel, beispielsweise zwei frische Rosen, das Photo eines verliebten Pärchens oder Partnerdelphine. Delphine sind deshalb besonders geeignete Partnerschaftssymbole, weil sie unbegrenzte Liebe und ein grenzenloses Potential an Verspieltheit, Kontaktfreudigkeit und Lebensfreude verkörpern.

»Familie«

Links in der Mitte liegt das Revier Ihrer Familie: Gemeint sind damit Ihre Eltern, Großeltern und Ahnen und Ihre Beziehung zu ihnen. Ebenfalls zeigt sich hier das Verhältnis zu Ihren Lehrern und zu Ihren Vorgesetzten.

Sollte der Kontakt zu Ihren Eltern oder Ihrem Chef eher gespannt sein, sind Maßnahmen in der Familienzone angebracht. Ihr Konflikt zeigt sich dort meist als Fehlbereich, als Chaos oder zumindest Unordnung, schlechte Beleuchtung oder in Form mehrerer Wände. Da diese Zone Ihre familiären Wurzeln, also Ihre Vergangenheit widerspiegelt, liegt hier sehr viel Potential verborgen. Die Zukunft entwickelt sich auf dem Fundament der Vergangenheit. Ihr Ziel sollte es daher sein, hier das Chi wieder ins Fließen zu bringen.

Familiäre Wurzeln, Lehrer, Vorgesetzte

Familienbilder und Fotos der Ahnen sind in diesem Bereich gut aufgehoben und hilfreich, allerdings nur, wenn sie angenehme Erinnerungen wecken. Ansonsten kann dieser Bereich auch ausgezeichnet mit Pflanzen und anderen Gegenständen, die Leben und Wachstum darstellen, aktiviert werden.

»Reichtum«

Wenn Sie gerne mehr Fülle und segensreiche Erlebnisse in Ihr Leben bringen möchten, dann ist die linke, hintere Ecke der Wohnung oder des Büros der richtige Ort dafür. Dieser Bereich steht neben finanziellem Wohlstand auch für die Gabe eines gesunden

Die Zonen des Bagua

Selbstwertgefühls. Außerdem repräsentiert er die »bereichernden« und beglückenden Ereignisse und Erfahrungen, die uns im Leben meist viel weiter bringen als der heißersehnte Lottogewinn.

Fülle und segensreiche Ereignisse

▶ Daher werden in dieser Ecke gerne Symbole des »Edlen und Außergewöhnlichen« plaziert, also Dinge, die Sie ständig an Ihre innere und äußere Fülle erinnern. Da auch Wasser mit Wohlstand assoziiert wird, kann mit Hilfe eines Zimmerbrunnens, Aquariums oder dem Bild eines Wasserfalls eine starke Aufladung dieses Bereiches erzeugt werden. Säubern Sie den Brunnen oder das Aquarium regelmäßig, und achten Sie auf gute Wasserqualität (Seite 70). Eine schöne – leere – Schale aus geschliffenem Kristallglas oder ein anderes edles offenes Gefäß ist vor allem für die linke hintere Ecke des Schreibtischs geeignet, um die von jetzt an einströmende Fülle zu sammeln. Selbst wenn dies nur ein Symbol ist, so wird es Sie laufend daran erinnern, in Zukunft bewußter und vielleicht auch dankbarer mit Ihren Ressourcen umzugehen.

»Zentrum« (Tai Chi)

Die Mitte des Hauses oder der Wohnung repräsentiert die Mitte des menschlichen Körpers und steht auch für die Gesundheit. Diese Zone um den Solarplexus wird in Asien auch *Hara* oder *Dantien* genannt. Hier befindet sich das Zentrum der Lebenskraft, und aus diesem schöpfen wir unentwegt für unseren Alltag. Daher sollte die Körpermitte so frei und unbelastet wie möglich bleiben, der Magen nicht durch ein Übermaß an Nahrung blockiert werden.

Gesundheit und Lebenskraft

▶ Analog sollten im Zentrum Ihrer Wohnung keine Mauern, Kamine oder schweren Möbel stehen, da dies Ihr Leben unnötig erschweren würde. Das Chi sollte dort frei und ungehindert zirkulieren. Wenn jedoch in der Mitte Ihrer Wohnung eine Treppe ist, werden Sie möglicherweise ein sehr dynamisches, vielleicht sogar unruhiges Leben führen, gewissermaßen mit einem ständigen Auf und Ab. Solcherart geschwächte oder instabile Zentren können durch Ersatzmittelpunkte gestärkt werden. Dazu stellen Sie in zwei Räumen Ihrer Wohnung die jeweils exakten Mittelpunkte fest und aktivieren diese mit Hilfsmitteln wie Regenbogenkristallen, stehenden Bergkristallspitzen (falls Platz) oder DNS-Spiralen (Seite 64).

Die neun Lebensfelder im Bagua

»Hilfreiche Freunde«

»Wie man in den Wald hineinruft, so schallt es heraus.« Wenn wir für andere Gutes tun, wird automatisch das universelle Gesetz des Ausgleichs in Aktion treten. An der Grundlinie rechts, meist nahe beim Eingang, findet sich in Ihrer Wohnung diese Zone der »Hilfreichen Freunde«, also der Energie von Unterstützung, Hilfe und Schutz. Glückliche Fügungen, »zufällige Begegnungen« oder der sprichwörtliche Schutzengel, der uns wieder einmal vor Schaden bewahrt hat, sind hiermit gemeint.

Unterstützung und Schutz

▶ Am besten aktivieren Sie diese Qualität, indem Sie selbst lernen, loszulassen. Ein altes Erfahrungsgesetz sagt: Je mehr man gibt, um so mehr wird einem gegeben werden.
Zur Unterstützung dieser Zone können alle aktivierenden Lösungen verwendet werden, vor allem Hilfsmittel wie Mineralien, Halbedelsteine oder Kristallobjekte (Seite 65).

»Kinder«

Kinder bringen viel Dynamik und Lebendigkeit in eine Familie. Im übertragenen Sinne könnte man diese Impulse auch als sehr kreativ bewerten. Daher symbolisiert die Zone »Kinder« neben Tochter und Sohn auch unsere geistigen Kinder, also die kreativen Projekte, Ideen und Inspirationen. Selbst die Kinder eines Unternehmens, beispielsweise deren Filialen, sind hiermit gemeint.
Da dieser Bereich – rechts in der Mitte – sehr aktiv ist, halten sich Kinder dort gerne zum Spielen auf. Umgekehrt wird es in diesem Wohnungsbereich jedoch sehr schwerfallen, zu Ruhe oder Entspannung zu kommen oder gar dort zu meditieren.
Im Gegenteil: Sollte in diesem Bereich Ihr Schlafzimmer liegen, dürfen Sie sich nicht wundern, wenn die Kinder bereits frühmorgens quietschvergnügt mit Bergen von Spielzeug in Ihrem Bett auftauchen.

Kreativität in jeder Form

▶ Besonders förderlich zum Aktivieren dieser Zone sind Bilder und Gegenstände, die an Lebensgenuß und die schönen Dinge des Lebens erinnern. Auch Kunstwerke, harmonische Musik oder blühende Blumen sind ideal (Seite 62, 67, 71).

PRAXIS
Die Zonen des Bagua
45

»Wissen«

Die Wissenszone liegt an der Grundlinie links. Sie sagt weniger etwas über fachliches Know-How aus, als vielmehr über tiefe innere Erkenntnisse, über die Gabe der Intuition und den Zugang zu »höherem Wissen«. Dennoch darf in dieser Zone die »materielle« Bibliothek plaziert sein. Bei der Gestaltung und Nutzung des Raums sollte insbesondere großer Wert auf Ruhe und Beständigkeit gelegt werden. Vor allem aus der Stille dringen die tief im Verborgenen schlummernden Informationen sanft an die Oberfläche des Bewußtseins. Wenn Sie regelmäßig Zeit für Muße und Nichtstun aufbringen, können Sie Ihre inneren Strukturen wesentlich leichter erkennen als in der Hektik und dem Trubel des Alltags.

Erkenntnis und Intuition

▶ Wenn Sie Ihre Lernfähigkeit verbessern wollen, Ihre Intuition ausbauen oder Ihr Leben nun mehr auf die geistige Welt ausrichten möchten, sollten Sie diesen Bereich auffrischen. Dazu eignen sich einzeln plazierte Gegenstände sehr gut; auch leere Gefäße wie Schachteln und Gläser oder aber das Bild eines Bergs sind ausgezeichnete Requisiten für die Wissenszone.

»Ruhm«

Ihr Ansehen und wie sehr Sie von anderen Menschen geachtet werden, spiegelt sich in der Zone »Ruhm« wider – hinten in der Mitte Ihres Bagua. Hier geht es primär um den Prozeß der inneren Reife, denn äußerlicher Glanz hat nur dann Bestand, wenn parallel dazu eine Weiterentwicklung auf der menschlichen Ebene stattfindet. Ein Mensch, der zu Wissen und Weisheit gelangt, besitzt auch eine starke Ausstrahlung. Solche Persönlichkeiten haben gelernt, auch das Alltägliche als erfüllend und inspirierend zu erleben.
Wer in einer Wohnung mit unregelmäßigem Grundriß lebt, der deshalb die Ruhmzone fehlt (Seite 75), neigt möglicherweise zu Imageproblemen oder Mangel an Optimismus.

Ansehen, Ausstrahlung, innere Reife

▶ Besonders wirksam zur Stärkung ist Licht, aber auch solche Gegenstände, deren Symbolik Klarheit, Leuchtkraft und Inspiration ausstrahlt. Auch Meisterwerke großer Künstler sowie ein dosierter Einsatz der Farbe Rot sind gute Lösungen.

Das ideale Haus am richtigen Ort

Was ein Haus und ein bequemer Stuhl gemeinsam haben

Ein bequemer Stuhl hat eine stabile Rückenlehne, was idealen Schutz nach hinten bietet und optimale Entspannung ermöglicht. Seitliche Armstützen erhöhen den Komfort.

Das »Lehnstuhlprinzip«

Nehmen wir nun an, Sie könnten in diesem bequemen Stuhl Platz nehmen – worauf würden Sie sonst noch Wert legen?
»Er muß sicher stehen. Er darf nicht zu hart sein; außerdem muß er meiner Körpergröße entsprechen. Der Platz, an dem er steht, und das Umfeld sollten sonnig, harmonisch und einladend sein. Am liebsten wäre mir, wenn der Blick von diesem Stuhl aus über einen See schweifen würde …«
Genau nach diesem »Lehnstuhlprinzip« werden in Asien seit Jahrtausenden Baugründe analysiert und Wohnhäuser gebaut, da dem Umfeld eine mindestens ebenso große Bedeutung beigemessen wird wie dem Inneren eines Hauses.

Schutz und positive Energie

Das ideale Haus liegt Richtung Sonne, ist nach vorn offen und blickt auf Wasser. Die schützende Rückenlehne wird von einem Berg oder Hügel gebildet. Zwei links und rechts gelegene, entferntere Berge sorgen für den nötigen Seitenhalt. (»Vorn« muß nicht die Eingangsseite sein, sondern ist oft die Gartenseite mit großer Fensterfront; linke und rechte Seite ergeben sich, blickt man vom Hausinneren aus zur Vorderseite.) Die frühen Meister des Feng Shui gaben den verschiedenen landschaftlichen Elementen so bildhafte Namen wie Drache, Tiger, Schildkröte oder Phönix:

Drache, Tiger & Co. beschützen das Haus

Schildkröte: Die »Rückenlehne« fürs Haus gibt Schutz wie der Panzer einer Schildkröte. Dies kann ein Berg, eine Baumreihe, ein Nachbarhaus, ein Zaun oder eine Hecke sein.
Phönix: Vor dem Haus sollte sich eine freie Fläche befinden, mit dem Phönix als Abschluß: ein kleiner Erdhügel, ein Strauch oder eine Figur. Eine Garage vor dem Haus aber blockiert den Chi-Fluß.

Was Haus und Stuhl gemeinsam haben

Das ideale Haus liegt an einem harmonisch wirkenden Ort, rundum geschützt, mit Blick Richtung Sonne und Wasser.

Drache: Er ist der mächtige Bewacher an der linken Hausseite. Idealerweise sollte er größer und dominanter sein als der Tiger. Er muß weit genug entfernt sein, um das Haus nicht zu beengen.
Tiger: Liegt an der rechten Hausseite und ist sanfter und niedriger als der Drache. Jeder Berg, jeder Hügel, jeder Gegenstand kann Drache oder Tiger sein, es kommt lediglich auf die relative Wirkung in Bezug zum Haus an. Im Zentrum einer Großstadt, wo weder Berge, Hügel noch Bäume dominieren, stellen sehr oft die benachbarten Gebäude Drache und Tiger dar.

Das optimale Grundstück

Wenn Sie das Glück haben, wählen zu können …

Ein Wohngebäude sollte niemals ungeschützt ganz oben auf dem Gipfel eines Hügels stehen, weil es durch die Winde einer zu unruhigen Energie ausgesetzt wäre. Das Leben in einem solchen Gebäude würde sich eher instabil und unzentriert entwickeln. Stünde das Haus ganz unten am Fuß eines Hügels oder Berges, so könnte der Druck durch diesen belastend wirken. Außerdem sind solche Plätze eher feucht, auch häufiger Nebel ist in so tiefen Lagen zu erwarten. Ideal ist in den meisten Fällen eine Position irgendwo dazwischen, also weder ganz oben noch ganz unten. Das ideale Grundstück sollte eine gute Aussicht bieten, im besten Fall mit Blick auf Wasser,

Das ideale Haus am richtigen Ort

sowie je einen harmonisch wirkenden Drachen, Tiger, Phönix und die schützende Schildkröte im Rücken aufweisen. Wenn eine oder mehrere dieser Grundvoraussetzungen nicht gegeben sind oder aber als belastend wahrgenommen werden (wie ein störender Industriebetrieb), dann muß Ersatz oder Abhilfe geschaffen werden.

Sich selbst Schutz schaffen

▶ Auf dem eigenen Grundstück können Sie mittels Bepflanzung oder anderer Gestaltungsmaßnahmen beispielsweise einen »Ersatzdrachen« schaffen. Wenn Sie in einer Wohnung ohne Grundstück leben, so kann an den jeweiligen Fensterfronten eine symbolische Maßnahme gesetzt werden. Eine schöne und gesunde Zimmerpflanze am Fenster kann den fehlenden Drachen symbolisieren, ein Regenbogenkristall (Seite 65) an der Vorderseite den Phönix, ein Metallobjekt den Tiger und ein Stein die Schildkröte.

Zusätzlich zur optimalen Lage des Grundstücks sollte aber auch dessen Form berücksichtigt werden. Ein ideales Grundstück weist eine geschlossene, harmonische Grundform auf, weil darin die Lebensenergie Chi am besten fließt. Zu empfehlen sind daher rechteckige und quadratische Grundstücke, während unsymmetrische, dreieckige oder L-förmige Bauplätze ein Ungleichgewicht verursachen können. Denn je geschlossener und strukturierter ein Körper ist (in diesem Falle das Grundstück), um so stabiler und fruchtbarer wird sich das Leben darauf entwickeln.

Die ideale Form eines Grundstücks

Der passende Baustil

Auch bei der Bauplanung muß mit Bedacht vorgegangen werden. Ein Haus sollte sich so harmonisch wie möglich in das Umfeld einfügen. Der typische Baustil einer Landschaft entwickelte sich immer aus guten Gründen. Es lohnt sich, diesen Stil genau zu studieren, um die Form des eigenen Gebäudes richtig zu wählen. Die Wahl des falschen Stils kann, so unglaublich dies klingen mag, weitreichende Konsequenzen haben, die sich im beruflichen, persönlichen oder gesundheitlichen Schicksal auswirken könnten. Um den jeweils optimalen Baustil zu finden, ist die Landschaft und die Lage des Grundstücks in Betracht zu ziehen. Jede Landschaft, jedes Umfeld hat seine spezielle Charakteristik, die sich mit Hilfe der »Fünf Wandlungsphasen« beschreiben und erfassen läßt.

Hausform und Material richtig wählen

Was Haus und Stuhl gemeinsam haben

Analyse mit Hilfe der 5 Elemente

■ Die Gebäudeform sollte entsprechend dem Schöpferischen Zyklus harmonisch mit dem Umfeld in Beziehung stehen. Würde das Element des Umfeldes jenes des Gebäudes kontrollieren, so würde sich das Schicksal der Menschen in diesem Gebäude schwierig und problembezogen entwickeln.

▶ Wenn Sie nun Ihre Wohnsituation analysieren möchten, müssen Sie zunächst die prägende Energie Ihres Umfeldes erkunden. Befindet sich Ihr Haus beispielsweise im Flachland, so ist das Element Erde vorherrschend, im Hügel- oder Bergland mit abwechslungsreicher Silhouette spricht man von Wasserenergie, Blick auf viele Bäume erzeugt Holzenergie, ein Berg mit spitzem Gipfel sorgt für Feuerschwingung, und ein einzelner, runder Hügel oder eine Kuppel aktiviert Metallenergie (siehe Tabelle Seite 34).

Die Umgebung soll das Haus »nähren«

Haben Sie das vorherrschende Element des Umfeldes erkannt, so können Sie aus dem Schöpfungszyklus (Seite 33) die jeweils passende Bauform ermitteln: Das Umfeld sollte das Haus »nähren«, also wäre beispielsweise in hügeliger »Wasser«-Umgebung ein »Holz«-Haus optimal, zum Beispiel mit Turm, grün gestrichen oder tatsächlich mit viel Holz gebaut.

Harmonisierung durch vermittelnde Elemente

▶ Ebenfalls sollte die innere Raumform und Gestaltung in Harmonie mit der Energie des Umfeldes sein. Falls dies bei einem bestehenden Gebäude nicht der Fall ist, so kann durch entsprechende Materialien, Farben oder Formen das jeweils »vermittelnde Element« eingeführt werden. Dieses steht im Schöpferischen Zyklus zwischen den zwei sich kontrollierenden Elementen. Beispielsweise vermittelt das Element Holz zwischen Wasser und Feuer, das Element Erde vermittelt zwischen Feuer und Metall (Seite 33).

Der ideale Grundriß

Ähnlich wie ein Grundstück, sollte auch ein Gebäude einen »gesunden«, das heißt ausgewogenen Grundriß haben. Wer die Formen älterer Bauwerke analysiert, wird feststellen, daß die damaligen Baumeister über derartige Gesetzmäßigkeiten Bescheid wußten. Sie planten Häuser auf der Basis regelmäßiger Grundrisse, ließen allerdings zusätzliche Erker und kleine Vorbauten anbringen, was eine zusätzliche Lebendigkeit schuf.

Regelmäßige, vollständige Form

Das ideale Haus am richtigen Ort

Grundrisse, die zu Problemen führen

Nach Feng-Shui-Erfahrung bieten harmonische Grundrißformen mehr Stabilität für die Bewohner. Zubauten wie Erker und Wintergärten sollten daher ein gewisses Maß nicht überschreiten, was im Umgang mit dem Bagua (Seite 40) noch deutlicher wird. Ein »zerrissener« Grundriß mit vielen Ecken und Kanten kann, genauso wie eine L-Form, zu Defiziten und Problemen führen. Dies zu vermeiden, sollte das Anliegen jedes Architekten sein, denn schließlich bauen sie die Wohnungen der zukünftigen Generationen.

Baubiologie für mehr Lebensqualität

Die Auswahl der richtigen Materialien kann entscheidend zum Wohlbefinden beitragen. Sowohl beim Neubau als auch beim Sanieren und Einrichten läßt sich durch bewußte Gestaltung nach baubiologischen Kriterien eine Verbesserung der Lebensqualität erreichen. Neben der Schadstoffreduktion strebt die Baubiologie auch ein energiesparendes Bauen und Wohnen und eine generelle Optimierung des Raumklimas an.

Optimales Material- und Energiekonzept

Die Baubiologie ist deshalb eine ideale Ergänzung zum Feng Shui. Ausschließlich nach Kriterien der Baubiologie errichteten Gebäuden fehlt leider oft die innere Harmonie, die wir Menschen so dringend benötigen, um ein erfreuliches und aktives Leben zu leben. Wenn lediglich baubiologische Einzelaspekte aneinandergefügt werden, ergibt das mit Sicherheit noch kein harmonisches Ganzes. Mit Hilfe des Feng Shui kann diese Lücke geschlossen werden, denn Feng Shui orientiert sich an den Gegebenheiten des Umfeldes und bezieht grundlegende Bedürfnisse, aber auch Schwächen und Stärken der Menschen in die gesamtheitliche Planung ein.

Nicht zu vergessen: die Vorgeschichte

Ereignisse werden »gespeichert«

Jeder Standort hat seine Vorgeschichte. Diese war hin und wieder unerfreulich, weshalb sensible Menschen in manchen Wohnungen oder Häusern von »komischen Gefühlen« berichten.
Jedes Ereignis, daß jemals in einem Gebäude oder auf einem Grundstück stattfand, ist als Energiefeld dort verankert. Dramatische Vorfälle wie Selbstmorde, Unfälle, Verbrechen können sogar so stark nachwirken, daß selbst nach Jahrzehnten noch »unerlöste« negative Energien dort gebunden sind. Wenn Alpträume und

PRAXIS
Der Garten
51

Angstgefühle immer wieder an einer bestimmten Stelle auftreten, dann ist Ihre Initiative gefordert.

Das Haus richtig in Besitz nehmen

▶ Sorgen Sie für eine »Housewarming«-Zeremonie, bei der Sie symbolisch alle alten Geister verabschieden und nun selbst das Gelände in Besitz nehmen. Dies kann ein Gebäude von seiner Vorgeschichte befreien, und Sie werden sich wundern, wie klar und frei Ihr Umfeld plötzlich wirkt. Vorschläge für einfache energetische Reinigungsmöglichkeiten finden Sie auf Seite 56 und 75.

Wenn's ums Haus herum üppig blüht und gedeiht, ist das Chi sehr stark, fördert Fülle und Fluß.

Unsere Vorfahren in allen Kulturen kannten Methoden zum Klären der Hausenergie. Sie führten Rituale beim Einzug durch und wiederholten regelmäßig eine »energetische Tiefenreinigung«. Unser Frühjahrsputz ist ein Relikt dieses Wissens; man wollte das neue Jahr möglichst frei und unbeschwert ins Frühjahr, in die Zeit des Wachsens und Gedeihens schicken. Auf altem Wissen basiert auch das »Richtfest«, bei dem ein Bäumchen am Dachstuhl des Rohbaus befestigt wird, um gutes Gedeihen für die Menschen unter diesem Dach zu erbitten.

Der Garten

Ihre persönliche Energietankstelle

Gesunde Pflanzen repräsentieren eine hohe Vitalkraft und die Fülle der Natur. Ein lebendiger, harmonischer Garten kann zu Ihrer persönlichen »Energietankstelle« werden.
Da jeder Strauch, jede Blume und jeder Baum hilft, das Chi Ihres Gartens zu erhöhen, sollte er abwechslungsreich und üppig mit Pflanzen bewachsen sein (Tips zur Bepflanzung finden Sie ab Seite 74).

Das ideale Haus am richtigen Ort

Pflanzen – Quellen des Chi

Pflanzen sind lebendige Wesen, und mittlerweile hat man herausgefunden, daß sie sogar Bewußtsein in sich tragen. Daher können auch manche Menschen eine besonders intensive Beziehung zu ihnen aufbauen. Fragt man solche Pflanzenliebhaber nach ihrem Geheimnis, werden alle darauf hinweisen, daß sie sich mit ihren Pflanzen zu unterhalten pflegen.

Hilfsmittel der besonderen Art

Wenn Pflanzen kränkeln

Gesunde Pflanzen erhöhen das Chi ihres Umfeldes, während kranke das Gegenteil bewirken. Krankheit bedeutet, daß das Chi stagniert.

Pflanzen sind Symbole für Wachstum, Erneuerung, Kraft und Vitalität. Wenn sie krank werden, steckt dahinter immer eine Botschaft für den Besitzer. Da alles miteinander verbunden ist, kann das plötzliche Absterben, beispielsweise eines Baums, nicht grundlos geschehen. Und selbst wenn Sie eine plausible äußere Erklärung finden (Saurer Regen, Borkenkäfer, zuwenig gegossen, Blattläuse, Wurzeln verletzt, …), dürfen Sie nicht übersehen, daß auch dies nur Teil einer längeren Ursachenkette ist, welche wiederum mit Ihnen in Resonanz steht (Seite 26). Schließlich ist es Ihr Grundstück, Ihre Wohnung und Ihre Pflanze. Eine Krankheit kann daher größere Unausgewogenheiten im Leben der Hausbewohner oder ernstere Probleme innerhalb eines Betriebes ankündigen – Auswirkungen der bestehenden Stagnation des Chi. Insofern lohnt es sich, genau zu hinterfragen, wann, wo, in welchem Zusammenhang welche Pflanze wie reagierte.

Stagnierendes Chi

Wichtiger Hinweis für die Bewohner

▶ Heilen ist besser als Wegwerfen! Wer sich um seine Pflanzen auch bei Krankheit kümmert, wird nicht nur viel Freude an ihnen haben, sondern auch sein Leben eher stabil halten. Kranke Pflanzen einfach wegzuwerfen, wäre genauso kurzsichtig, wie aus Ihrem Auto das Kontrollämpchen des Ölstandanzeigers auszubauen, wenn es aufleuchtet.

Heilen statt wegwerfen!

Sha-Chi rund ums Haus?

Das Chi einer Straße

Überall, wo Betriebsamkeit herrscht, ist eine hohe energetische Ladung zu erwarten. Ob diese förderlich oder belastend wirkt, hängt von deren Qualität ab. Eine Stadtautobahn beeinflußt ihr Umfeld anders, strahlt mehr Unruhe und somit Sha-Chi (Seite 25) aus als ein sich sanft durch die Landschaft windendes Landsträßchen. Lange Geraden wie eine Straße oder ein Kanal, auch eine Sackgasse, die direkt auf Ihr Haus zulaufen, lassen ungebremst einen breiten Energiestrom darauf prallen. Auch Schneidendes Chi von Spitzen und Kanten der Nachbarhäuser wirkt ungünstig. – Es gibt eine Geschichte zum Mißbrauch von Schneidendem Chi über die »Bank of China« in Hongkong (Seite 11). Das Gebäude selbst wird gut mit Umgebungsenergie versorgt; man munkelt aber, daß die scharfen Ecken absichtlich die Umgebung belasten sollen und vor allem das Gebäude des englischen Gouverneurs »durchschneiden« – der vorletzte starb während des Baus, der letzte hatte große Probleme ...

Energieautobahnen, schneidendes Chi

▶ Je mehr äußere Stör- und Streßfaktoren vorzufinden sind, um so wichtiger sind Maßnahmen zur Umwandlung und Abschirmung. Dazu gehört die von jeher übliche Dekoration des Eingangs mit schützenden Symbolen (Seite 77) wie auch die Anhebung der Energie in der Wohnung mit aktivierenden Hilfsmitteln (Seite 59).

Störendes in der Nachbarschaft

Jede bauliche Veränderung in Ihrer Nachbarschaft verändert das Chi dieser Region. Sollte daher in Ihrem Umfeld eine Behörde oder ein anderes Objekt, welches Sie persönlich als störend empfinden, neu entstehen, so muß auch hier für Abhilfe gesorgt werden. Wichtig ist, daß die schwächende Wirkung nicht zu Ihnen durchdringt, ganz gleich, wie rege beispielsweise die Bautätigkeit auch sein mag.

▶ Sorgen Sie für eine freundliche Gestaltung Ihrer Innenräume und achten Sie darauf, daß beim Blick zum Fenster Ihre Aufmerksamkeit von erfreulichen Dingen gefesselt wird. Dies lenkt Ihr Bewußtsein auf Aufbauendes und vermag Sie positiv zu beeinflussen. Da auch Lärmbelästigung zu Energieverlust führt, sollten gegebenenfalls Lärmschutzfenster eingebaut werden. Sorgen Sie zusätzlich in Ihren Räumen für angenehme Geräusche durch ein Klangspiel oder das freundliche Plätschern eines Zimmerbrunnens.

Abhilfe bei Lärmbelästigung

Die Basis fürs »Innenleben«

Energie soll frei zirkulieren

Ebenso wie im Außenbereich soll auch im Inneren des Hauses die Energie so leicht und hindernisfrei wie möglich zirkulieren – vom Eingang durch den Flur und dann von Raum zu Raum. Die einzelnen Bereiche müssen daher gut aufeinander abgestimmt sein; dabei hilft vor allem geschickte Beleuchtung (Seite 61), passende Möblierung (Seite 55 und ab Seite 79), Bewegungsfreiheit, Ordnung (Seite 56) sowie die richtige Farbwahl (Seite 67).

Das Schlafzimmer in der Partnerecke?

Das Bagua bestimmt nicht, wo welche Räume liegen müßten, sondern gibt lediglich Auskunft über das Vorhandensein eines Bereichs, das heißt, ob dieser geschwächt, ausgewogen oder gar gestärkt vorhanden ist (Seite 40). Demnach kann beispielsweise in der Partnerecke genausogut das Kinderzimmer, das Wohnzimmer oder auch die Küche sein. Wichtig ist nur, daß der dortige Raum harmonisch und kontinuierlich genutzt und auch gepflegt wird. Wenn durch geeignete Maßnahmen das Chi in diesem Bereich gut fließen kann, ist die zugeordnete Zone, in unserem Beispiel die Partnerzone, förderlich aktiviert. Es wäre falsch verstandenes Feng Shui, wenn Sie glauben, in der Kinderzone das Kinderzimmer, in der Reichtumsecke das Büro oder den Tresor, im Familienbereich das Gästezimmer für die Eltern einrichten zu müssen.

Das Bagua bestimmt nicht die Lage der Räume

Wichtig ist regelmäßige Nutzung

Wenn Sie jedoch leerstehende oder nur sporadisch genutzte Räume haben, so würde es sich lohnen, diese öfter zu benutzen, denn sie stellen gewissermaßen Ihr noch brachliegendes Potential dar.

Man kann eine ideale Raumaufteilung bestimmen, dazu müßten allerdings weitere, kompliziertere Analysemethoden als die in diesem Buch vorgestellten herangezogen werden, die zusätzlich noch das Umfeld, die Himmelsrichtungen und die Geburtsenergie der betroffenen Personen berücksichtigen. Allen, die sich näher damit befassen wollen, sei das Buch von D. Walters empfohlen (Seite 92).

Möbel zum Wohlfühlen

Jedes Möbelstück, jeder Einrichtungs- und Beleuchtungsgegenstand erfüllt nur dann seinen Zweck, wenn die Bedürfnisse der Bewohner optimal befriedigt werden.

▶ Zum einen soll die Bewegungsfreiheit innerhalb der Wohnung optimal erhalten bleiben, da ein Übermaß an Möbeln den Chi-Fluß hemmen würde. Zum anderen muß die Einrichtung sowohl praktischen als auch ästhetischen Ansprüchen genügen.

Für optimalen Chi-Fluß und Behaglichkeit

Doch neben Positionierung, Form, Farbe, Material oder Preis muß vor allem auf die persönlichen Wünsche Rücksicht genommen werden. Wenn Sie *up to date* eingerichtet sein wollen, insgeheim aber auch gerne kuscheln möchten, dann sollten Sie besser auf die glas- und chromblitzende Designereinrichtung verzichten. Wählen Sie statt dessen jene Formen, Farben und Materialien, die Ihnen die maximale Behaglichkeit vermitteln.

Runde Möbelformen lassen das Chi besser fließen und erzeugen eine harmonischere Raumstimmung. Vermeiden Sie scharfe Möbelkanten, die Schneidendes Chi (Seite 25) zu Ihrem Sitz- oder Schlafplatz senden, oder verdecken Sie diese mit Pflanzen oder dekorativen Gegenständen.

Die Beleuchtung soll der Funktion des jeweiligen Raums entsprechen (siehe Seite 61).

»Klare Verhältnisse« schaffen

Die besten Feng-Shui-Maßnahmen können nicht wirken, wenn die Wohnung zu sehr belastet ist. Jeder Gegenstand ist Träger von Chi und kann zur möglichen Überfüllung der Wohnung beisteuern.

▶ Alte und überholte Dinge sollten daher regelmäßig entfernt werden, wozu Kleider, Zeitschriften, Bilder oder Geschirr genauso zählen wie unbenutzte Möbelstücke oder verstaubte Souvenirs. All diese Gegenstände repräsentieren Ihre Vergangenheit und blockieren Ihre Gegenwart und Zukunft. Je mehr »Dinge« in Ihrer Wohnung herumstehen, -hängen oder -liegen, desto schwerer machen Sie es allem Neuen, in Ihr Leben zu kommen.

Wichtig: sich von Altem trennen

Die Basis fürs »Innenleben«

- Stellen Sie wiederverwendbare Gegenstände einer wohltätigen Institution zur Verfügung, oder verkaufen Sie sie, wenn Sie wollen. Achten Sie jedoch darauf, daß Sie niemand mit einem Gegenstand, den Sie eventuell selbst nicht mehr mögen, zwangsbeglücken. Auch hier ist das Prinzip der Freiwilligkeit oberstes Gebot.

Antiquitäten können belastend wirken

- Alte Möbel haben meist eine sehr bewegte, manchmal auch belastete Geschichte hinter sich. Diese ist wie in einem unsichtbaren Speicher im Holz verankert und beeinflußt den Raum. Deshalb wirken manche Antiquitäten sehr schwer und belastend, und trotz ihres beeindruckenden Äußeren fühlen sich viele Menschen unwohl in ihrer Nähe.

- Um Möbel von belastender Energie der Vergangenheit zu befreien, oder einfach zur regelmäßigen Grundsäuberung, empfiehlt sich ein Reinigungsgang mit Essig- oder Zitronenwasser. Mischen Sie den Saft einer Zitrone oder einen Spritzer Essig in das Reinigungswasser, befeuchten Sie ein Tuch leicht, und wischen Sie damit die Möbel außen und innen sorgfältig aus.

Energetische Reinigung mit Essig, Zitrone oder Rosenöl

- Sehr gut zum Harmonisieren von Möbeln und der gesamten Wohnung eignet sich auch ätherisches Rosenöl, das durch seine feine, hohe Schwingung die Qualität der Raumenergie beonders positiv beeinflußt.

Mischen Sie 1 ml 100 % reines, ätherisches Rosenöl in einem Braunglasfläschchen mit 10 ml reinem Alkohol, und geben Sie davon 3 bis 5 Tropfen in einen Eimer mit klarem Wasser. Mit diesem Rosenwasser kann die gesamte Wohnung regelmäßig von den vielen »Unreinheiten«, die sich im Laufe der Zeit ansammeln, gesäubert werden. Selbst an Wänden, Bildern und Teppichen haftende, »klebrige« und hinderliche Energien lassen sich damit entfernen.

Sauberkeit und Ordnung fördern positive Energien

- Schmutz in jeder Form, sei es als ungespültes Geschirr, Staub oder trübes Fenster, zieht ebenfalls unklare Energien und Ereignisse in Ihr Leben. Daher ist eine gewisse Sauberkeit sehr förderlich, jedoch würde Pedanterie und Putzwut eher das Gegenteil bewirken.

- Auch Ordnung trägt zur Klärung des Energieflusses bei. Je mehr Übersicht in Ihrem Umfeld ist, um so reibungsloser wird Ihr Leben verlaufen. Bevor Sie Dinge aufbewahren, sollten Sie sich immer fragen, ob es sinnvoll ist, diese zu behalten. Allzu viele Gegenstände bleiben nur deshalb in der Wohnung, weil man sich nicht rechtzeitig davon trennen konnte.

PRAXIS

Strahlende Wände

57

Ein luftig bestücktes Bücherregal gibt der Energie Raum zum Fließen.

Bücher und Bilder brauchen Freiraum

● Bücherregale dürfen den Raum nicht erdrücken und brauchen Platz zum Atmen. Schaffen Sie im Regal Freiraum für andere erbauliche Gegenstände wie Figuren, Vasen, Blumen, Kristalle oder ähnliches. Dies läßt die Bücherwand lebendiger erscheinen und erhöht den ansonsten dort stagnierenden Energiefluß.

● Bilder sollten eine Wand nicht überladen. Erst der Abstand und Freiraum zwischen ihnen bringt sie gut zur Wirkung.

Strahlende Wände

Schutz vor Elektrosmog ist wichtig

Die Belastung durch Elektrosmog, also durch elektromagnetische Strahlung von Stromleitungen, Steckdosen und Elektrogeräten, wird zunehmend ernst genommen. Die Hinweise verdichten sich, daß diese Geräte den Menschen nachteilig beeinflussen können. Symptome können Schlafstörung, Schwächung des Immunsystems oder Kopfschmerzen sein. Viele weitere Beschwerden und Krankheiten werden ebenfalls mit Elektrosmog in Zusammenhang gebracht und derzeit auch erforscht.

▶ Am besten können Sie sich schützen, indem Sie solcher Strahlung ausweichen und Abstand von Wänden mit Stromleitungen oder von Elektrogeräten halten. Vor allem die Schlafstelle sollte so stromfrei wie möglich sein; deshalb werden immer öfter sogenannte Netzfreischaltungen in die Schlafzimmer-Stromkreise eingebaut. Schaltet man abends das letzte Gerät oder das Licht aus, wird automatisch der gesamte Stromkreis unterbrochen; das ermöglicht eine nahezu »stromfreie Nachtruhe«. Weitere Fragen werden Ihnen Baubiologen oder spezialisierte Elektroinstallateure gerne beantworten.

Die Basis fürs »Innenleben«

Wasseradern und andere Störzonen

Zonen störender Energien orten

Auch auf unterirdische Wasseradern und Störzonen wird immer mehr geachtet. Vielerorts werden bereits bei der Besichtigung eines Baugrundes Radiästheten und Pendler beauftragt, nach störungsfreien Plätzen Ausschau zu halten (Buchtip Seite 92). Auch in bestehenden Gebäuden werden immer wieder Schlaf- und Sitzplätze auf mögliche Belastungen untersucht und nach einer solchen Analyse oft Betten oder Schreibtische verschoben. Häufig können so das Wohlbefinden verbessert und immer wieder auch Schlafprobleme beseitigt werden. Dennoch ist die alleinige Untersuchung einer Wohnung auf derartige Störenergien viel zu wenig, da nur ein winziger Aspekt Ihres Lebensraums betrachtet wird. Eine Kombination mit dem Wissen des Feng Shui ist dagegen ideal, weil so auch auf die persönlichen Kraftplätze eingegangen wird – ein großer Unterschied zu dem Ansatz, lediglich Störeinflüssen auszuweichen.

Der Kraftplatz eines Raums

Unsere Ahnen in grauer Vorzeit haben sehr schnell erkannt, daß die Höhle als Platz zum Schlafen und Ausruhen besser geeignet ist als das offene Feld. Sie zogen sich ins Innere der Höhle zurück und hielten sich immer nahe einer Felswand auf, so daß ihr Rücken geschützt und der Höhleneingang gut zu überblicken war. Diese uralte Erfahrung tragen wir modernen Menschen als unbewußtes Verhaltensmuster nach wie vor in uns. Nicht umsonst sind in Restaurants die Plätze an den äußeren Wänden die beliebtesten, und die freistehenden Tische werden eher gemieden.

Das »Höhlenprinzip«

Rücken geschützt und alles im Blick

Aus diesem Verhalten läßt sich die ideale Einrichtung eines jeden Raums ableiten: Möbel sollten so plaziert und ausgerichtet werden, daß die Bewohner immer den Platz der »höchsten Harmonie«, also den Kraftplatz des Raums, für sich nutzen können.

▶ Der beste Platz eines Raums: Der Rücken ist geschützt, und gleichzeitig sind sämtliche Türen und Fenster des Raums zu überblicken. So sollte man schlafen, so sollten Kinder lernen, und so findet man auch den stärksten Platz im Wohnzimmer, am Eßtisch der Familie oder im Büro.

Hilfsmittel, die das Chi stärken

Um energetische Unausgewogenheiten, Schwächen oder Fehlzonen innerhalb Ihres Hauses oder Ihrer Wohnung auszugleichen, können unterschiedlichste Hilfsmittel verwendet werden.

Auf Ihre Assoziation kommt es an

Jeder beliebige Gegenstand, ja sogar ein Kieselstein oder ein mit einem Gedicht beschriebenes Blatt Papier, kann für Sie die ideale Problemlösung darstellen – sofern Sie eine besondere Beziehung zu ihm haben, weil er eine angenehme Erinnerung weckt oder weil Sie ihn einfach schön finden. Denn immer, wenn Sie einen solchen Gegenstand ansehen, vermittelt er Ihnen positive Energie.

▶ Suchen Sie also Feng-Shui-Hilfsmittel am besten in Ihrem eigenen Umfeld, denn sie haben dann die stärkste Wirkung, wenn sie emotional mit Ihnen verbunden sind.

Es haben sich aber auch einige spezielle Gegenstände als Standardlösungen durchgesetzt, die vielseitig eingesetzt werden können. Da diese im folgenden beschriebenen Hilfsmittel äußerst wirksam sind, sollten sie mit Bedacht und Gefühl verwendet werden. Wenn Sie (und das geht am Anfang fast jedem so) nicht ganz sicher sind, wo und wie Sie die Feng-Shui-Veränderungen anbringen sollen, dann können Sie mit den empfohlenen Hilfsmitteln erste Erfahrungen sammeln.

Standardhilfsmittel, die in unsere Kultur passen

Achten Sie auf Ihre Gefühle und beobachten Sie, was während oder nach dem Anbringen der Feng-Shui-Lösungen passiert. Sollten Sie mit der Plazierung eines Hilfsmittels noch nicht zufrieden sein, so verändern Sie einfach den Standort und beginnen aufs Neue mit der Beobachtung. Viel Erfolg!

Beobachten Sie, was passiert

Tips für den Kauf

Immer mehr Feng-Shui-Shops sowie Geschäfte und Buchhandlungen mit ganzheitlich orientiertem Sortiment führen spezielle Hilfsmittel zur Veränderung der Raumenergie. Allzuoft legen diese Läden jedoch ihren Schwerpunkt auf Produkte der alten chinesischen Schule, wie Bambusflöten, Fächer oder Amulette; deshalb finden Sie auf Seite 92 Bezugsadressen für die in diesem Buch vorgestellten westlichen Feng-Shui-Hilfsmittel.

Hilfsmittel, die das Chi stärken

Klangspiele erhöhen und lenken das Chi im Raum. Je größer der Raum oder die Fenster, um so größer am besten auch das Klangspiel.

Klang verändert die Welt

So, wie das Läuten der Kirchenglocken eine Wirkung auf die Umgebung hat, kann das gezielte Anbringen von harmonischen Klangerzeugern das Chi einer Wohnung anheben.
In manchen Geschäften ertönt beim Öffnen der Tür ein akustisches Signal. Dies wirkt einerseits auf den Eintretenden wie ein »Herzlich willkommen – schön daß Sie da sind!« und signalisiert andererseits, daß jemand den Raum betritt. Zusätzlich wirkt es wie ein »Trenner« zwischen Innen- und Außenwelt. Der Klang markiert das Eintauchen in ein neues Areal.

● Klangspiele und andere harmonische Klangerzeuger (beispielsweise Musikinstrumente) erhöhen das Chi eines Raums. Ihre Stimmung sollte klar und rein sein, Klangspiele aus Metall werden deshalb bevorzugt. Klangspiele mit Muscheln, aus Glas, Holz oder Keramik erzeugen meist einen zu stumpfen Ton.

● Wenn Sie ein Klangspiel bei einer Tür aufhängen, achten Sie darauf, daß die Tür beim Öffnen nicht lärmend in das Klangspiel schlägt, da dies Streß auslösen würde und die harmonisierende Wirkung dahin wäre. Vielmehr sollte es so montiert sein, daß der Luftzug der sich öffnenden Tür den Klang erzeugt.
Als Alternative eignen sich sogenannte Türharfen, welche direkt an der Tür befestigt werden und sich mit dieser mitbewegen.

● Größere Klangspiele helfen auch in Wintergärten und an Balkon- oder Terrassentür, das hinausströmende Chi zu halten.

● Sie eignen sich auch zum Abtrennen verschiedener Raumzonen, wenn mehrere sich widersprechende Bereiche, beispielsweise Schreibtisch und Schlafplatz, im selben Raum untergebracht sind.

● Klangspiele müssen unbedingt persönlich »probegehört« werden, da jeder Mensch einen anderen Klang als schön empfindet. Aus dem Versandkatalog zu bestellen, ist daher oft unbefriedigend.

Der Klang sollte klar und rein sein

PRAXIS 61

Hilfsmittel, die das Chi stärken

Die Heilkraft des Lichts

Wir Menschen sind »Lichtwesen«, und alle Generationen vor uns waren viel öfter im Freien und somit unter Sonneneinfluß, als wir es heute sind. Daß so viele Mitteleuropäer in den grauen Herbst- und Wintertagen zu Depressionen neigen, liegt vor allem an dem krassen Mangel an natürlichem Licht.

Wohltat für die Seele

Die Wahl der richtigen Beleuchtung ist daher eine der wichtigsten Feng-Shui-Lösungen überhaupt. Ein freundlich und hell gestalteter Raum beeinflußt unsere Psyche vorteilhaft, während ein zu dunkles Umfeld depressiv, schwermütig und träge macht. Das Chi eines solchen Umfeldes stockt, und das Schicksal der darin lebenden oder arbeitenden Menschen wird im Laufe der Zeit ebenfalls stagnieren.

● Immer, wenn eine Glühbirne ausbrennt, ersetzen Sie sie durch eine stärkere – solange, bis die ganze Wohnung um eine Stufe heller geworden ist. Als Faustregel gilt: Dunkel eingerichtete Räume benötigen ungefähr die doppelte Lichtstärke wie hell eingerichtete.

Je mehr Licht, desto besser

● Ästhetik allein ist zuwenig, vor allem wenn sie auf Kosten der Helligkeit geht. Beleuchtungskörper sollten nach der Leuchtkraft ausgewählt werden. Geschlossene Lampen neigen zum Überhitzen und vertragen meist keine lichtstarke Glühbirne.

Stimmungsvolle Beleuchtung

● Versuchen Sie, die Raumstimmung durch verschiedene Lichtquellen zu steigern. Stehlampen, Deckenfluter oder indirektes Licht können Räume sehr aufwerten. Durch verschiedene Lichtquellen kann der Raum je nach Bedürfnis entweder strahlend hell oder intim und kuschelig beleuchtet werden.

● Vor allem die Ecken eines Raums sollten nicht zu dunkel sein, da sie sonst zu Energiestau neigen. Und das würde die gesamte Wohnung beeinflussen.

Energiebilanz

Viel Licht verbraucht zwar mehr Strom, wirkt sich aber dennoch indirekt förderlich auf die Umwelt aus. Ein lichtarmes, Chi-schwaches Umfeld führt zu einem Energiedefizit. Daraus erwächst der Wunsch nach Ersatzbefriedigung mit Dingen, deren Herstellung und Entsorgung die Umwelt wesentlich stärker belasten: Einkaufstrips, Heißhunger oder Hobbys wie Motorradfahren sind letztlich energieaufwendiger. Energiesparlampen stellen nicht nur bei der Entsorgung problematischen Sonderabfall dar, sondern beeinflussen auch das Raumklima ungünstig. Auch die Trafos von Halogensystemen sollten aus Wohnräumen ferngehalten werden.

Hilfsmittel, die das Chi stärken

- Mit Hilfe nach oben leuchtender Deckenfluter kann eine bedrükkende Deckensituation oder die Wirkung eines vorragenden Balkens gemildert werden.
- Ganz besonders wichtig ist gutes Licht im Zugang zur Haustür, vor dem Eingang und auch im Vorraum. Wer jahrelang von einem dunklen Raum empfangen wird, reduziert seine Ansprüche ans Leben und wird sich mit mittelmäßigen Dingen zufriedengeben.

Pflanzen bringen Leben ins Haus

Weil gesunde Pflanzen die lebendige Vitalkraft der Natur symbolisieren, erhöhen sie das Chi innerhalb einer Wohnung genauso wie auf einem vielfältig bewachsenen Grundstück.

Die Vitalkraft der Natur nutzen

- Im Innenbereich können Pflanzen unbelebte Raumecken aktivieren sowie schneidende Ecken harmonisieren.
- Sie helfen, Energieverlust bei Fenstern zu vermeiden (Seite 24); insbesondere Wintergärten profitieren energetisch von ihrer Anwesenheit. Allerdings sollten Pflanzen die Fenster nicht zu sehr blockieren – der Chi-Fluß würde dadurch leiden.
- Pflanzen mit spitzen Blättern oder Stacheln wie Yuccas oder Kakteen sollten nicht zu nah an Sitzplätzen oder anderen viel genutzen Bereichen stehen, um Schneidendes Chi (Seite 25) zu vermeiden.

Sorgen Sie immer für etwas Blühendes in Ihren Räumen – auch im Winter kein Problem mit Amaryllis, Azaleen oder Orchideen.

- Zimmerlinden haben eine sehr wohltuende Wirkung auf das Energiefeld des Menschen. Sie nähren und stärken die Aura.
- Grünlilie, Bogenkraut, Philodendron, Echte Aloe und Efeu reinigen und entgiften die Luft von Schadstoffen wie Formaldehyd, Benzol, Trichloräthylen.
- Blühende Pflanzen symbolisieren die Fülle und den Überschwang der Natur. Sie sind ideale Hilfsmittel, um das Chi sofort zu heben. Sorgen Sie deshalb immer für etwas Blühendes in Ihren Räumen, ob als Topf- oder als Schnittblumen!

Besonders wohltuende Pflanzen

Hilfsmittel, die das Chi stärken

● Je gesünder die Pflanzen, um so besser ist es um das Chi Ihrer Wohnung bestellt (siehe auch Seite 52).

Trocken- und Kunstblumen
● Getrocknete Blumen stellen vertrocknetes Leben dar und sollten daher nur als Einzeldekoration verwendet werden. Kunstblumen aus Seide oder bemaltem Holz können, sofern edel und täuschend echt ausgeführt, überall dort einen guten symbolischen Ersatz für Zimmerpflanzen bieten, wo echte Pflanzen nicht gedeihen.

Die Magie der Spiegel

Spiegel wurden seit ihrer Erfindung als magisches Werkzeug eingesetzt. Von jeher verwendeten unsere Vorfahren alles Glänzende als Reflektoren, seien es polierte Muschelstücke, Steine oder Metall. Der Anwendungsbereich von Spiegeln ist sehr groß und kann der jeweiligen Situation angepaßt werden.

Als Schutz vor Sha-Chi
Reflexion: Um sich vor belastender Sha-Energie (Seite 25) zu schützen, werden Spiegel als Reflektoren verwendet. Zu diesem Zwecke wird außen an der Hausfassade, über der Tür oder vor dem Gebäude im Garten mit reflektierenden Materialien gearbeitet. Dazu zählen Türklopfer aus poliertem Messing und metallene Namensschilder genauso wie glänzende Rosenkugeln auf Stöcken im Garten. Allerdings darf der weggespiegelte Energiestrahl nicht unmittelbar auf den Verursacher zurückgeworfen werden. Dies würde nach dem Prinzip von Ursache und Wirkung nur neue Probleme schaffen. Daher sind nach außen gewölbte (konvexe) Spiegel für diesen Zweck ideal. Sie zerstreuen das Sha und machen es damit unschädlich.

Um Schönes zu spiegeln
Anziehung: Da ein Spiegel sein Gegenüber abbildet, ist er in gewissem Sinne auch energieanziehend. Daher kann er besonders aufbauende Motive, beispielsweise die Energie der schönen Landschaft, in die Wohnung holen. Wichtig ist die mit dem Motiv verbundene Vorstellung (Seite 59).

Gegen Enge und Fehlbereiche
Erweiterung: Enge Räume und den Weg blockierende Wände können durch Verspiegelung »geöffnet« werden. So kann man auch Fehlbereiche energetisch auffüllen, was eine der wichtigsten Feng-Shui-Lösungen ist.

Für den Blick nach hinten
Kontrolle: Um auch den Bereich hinter Ihnen zu überblicken, kann ein (kleiner) Spiegel, ähnlich wie der Rückspiegel im Auto, so angebracht werden, daß er den Blick nach hinten ermöglicht. Dies schafft Kontrolle und bringt Sicherheit.

Hilfsmittel, die das Chi stärken

Der passende Spiegel

- Der Badezimmerspiegel sollte groß genug sein, um den gesamten Oberkörper bis zur Brust zu zeigen und zusätzlich rundum 30 bis 40 cm Raum lassen, um auch die unsichtbare Aura zu erfassen.
- Auch Kinder betrachten sich gerne im Spiegel. Bringen Sie deshalb an einer leicht zugänglichen Stelle, beispielsweise innen an der Badezimmertür, einen bodennahen Spiegel an.
- Spiegelfliesen und geteilte Spiegelschränke im Bad sind weniger gut geeignet, weil sie Ihr Abbild durchtrennen. Dies beeinflußt auf unbewußter Ebene Selbstbewußtsein und Stabilität.
- Rauchglasspiegel trüben das Abbild und sind daher nur in untergeordneten Funktionen brauchbar. Gleichfalls sollten Spiegel immer sauber sein.

DNS-Spiralen steigern Lebensenergie

Die Erbinformation, und damit sämtliche lebenswichtigen Daten, sind in der sogenannten DNS (Desoxyribonukleinsäure) gespeichert. Diese sieht aus wie eine Doppelspirale mit Querstegen und ist millionenfach in unserem Körper vorhanden. Sie ist das Abbild universeller Energieprinzipien und birgt noch viele unentdeckte Geheimnisse. Ein vereinfachtes Modell dieser DNS-Doppelhelix bewirkt in einem Raum oder einer gesamten Wohnung eine enorme Energiesteigerung.

Abbild universeller Energieprinzipien

Die DNS-Spirale bewirkt eine enorme Energiesteigerung

Der scheinbar endlose Lauf der Bewegung wirkt auf viele Menschen sehr faszinierend und löst eine positive Resonanz in ihnen aus.

- DNS-Spiralen wirken im Hauszentrum (Seite 43) energiesteigernd und stabilisierend.
- Über Pflanzen gehängt, steigern sie auch dort die Lebendigkeit – probieren Sie's aus!
- Die Spirale erzeugt einen senkrechten Strahl, der Himmel und Erde verbindet, uns hilft, geerdet zu bleiben und uns zugleich geistig zu öffnen.

PRAXIS
Hilfsmittel, die das Chi stärken

Regenbogenkristalle bringen Freude ins Heim

Wenn Licht auf ein Glasprisma fällt, wird es in die Spektralfarben des Regenbogens zerlegt. Den gleichen Effekt erreichen Regenbogenkristalle, speziell geschliffene, facettierte Glaskristallkugeln, wenn sie in einem Fenster von der Sonne beschienen werden.

Fällt Licht auf einen Regenbogenkristall, zaubert er viele bunte Lichtflecken in den Raum.

Stärkung der Raumenergie
● Mit ihrer perfekten geometrischen Form verteilen sie die entstehenden Lichtpunkte harmonisch im gesamten Raum; dadurch heben sie die Raumenergie und erzeugen eine sehr sanfte und freudvolle Schwingung. Zumeist wird die Kugel- oder Tropfenform verwendet, aber auch Fünfstern, Herz und Oval sind beliebt.

● Sie können unbelebte Raumecken aktivieren, vor allem in Kombination mit guter Beleuchtung (Seite 61).

Bremse fürs Sha-Chi
● Regenbogenkristalle eignen sich hervorragend zum Bremsen und Harmonisieren von belastender Sha-Energie, wie sie in langen Gängen oder bei einem Tür-Fenster-Durchzug auftritt (Seite 25).

● In Süd- und Westfenstern brechen sie die starke direkte Sonneneinstrahlung und helfen, den Raum vor Überladung zu schützen.

● Regenbogenkristalle wirken dann am förderlichsten, wenn sie sauber sind und ihre Oberfläche frei von Kratzern oder anderen Beschädigungen ist.

● Sie lassen sich sehr einfach mit einem Faden und Reißnagel am Fensterflügel befestigen, oder Sie hängen sie direkt von der Decke. Vermeiden Sie jedoch eine Befestigung über Ihrem Sitzplatz.

Kristalle – funkelnde Botschafter der Erde

Die Schwingung edler Steine ist bekanntermaßen heilend und energetisierend. Von jeher werden Bergkristalle, Amethyste, Rosenquarze und die vielen anderen Vertreter des Mineralreiches zu Heil-

Heilende, energetisierende Schwingung

zwecken verwendet. Je nach Farbe, Form und Kristallgitter erzeugen sie eine unterschiedliche Schwingung. Sie beeinflussen daher auch ganz unterschiedliche Teile unseres Körpers und unserer feinstofflichen Schichten, unserer Aura.

Wer sich mit gewachsenen Kristalle auskennt oder zumindest eine gute Intuition hat, kann mit ihrer Hilfe auch Wohnungsbereiche aktivieren (Buchtip siehe Seite 92).

● Einzelne Bergkristallspitzen erzeugen stehend einen senkrechten Strahl wie die DNS-Spirale und sind daher auch geeignet, ein Hauszentrum zu markieren.

● Ihrer starken Schwingung wegen sollten im Schlafzimmer nicht zu viele Kristalle stehen. Dies könnte Unruhe und damit verbundene Schlafprobleme verursachen.

● Kristalle müssen regelmäßig gereinigt werden, da sie sonst in ihrer Kraft nachlassen und stumpf werden: Zur Reinigung legen Sie sie zwei bis drei Miuten lang unter fließendes kaltes Wasser, bis Sie den Eindruck haben, daß sie wieder sauber sind.

Reinigung echter Kristalle

Delphine – die Liebesboten

Immer öfter berichten Urlauber von tiefbewegenden Delphinerlebnissen. Wer jemals das Glück hatte, mit Delphinen zu schwimmen, weiß, wie ergreifend ihre Gegenwart ist. Wegen ihrer liebevollen und fürsorglichen Ausstrahlung wurden Delphine von jeher als Inkarnation höchster und bedingungsloser Liebe angesehen.

● Ein Bild oder eine Skulptur von Delphinen kann einen Wohnraum enorm aufwerten. Sie strahlen eine feine und hohe Schwingung aus, die Akzeptanz, Bereitschaft sich zu öffnen und ein liebevolleres Verhalten fördert.

Ein Delphinpaar – das ideale Partnersymbol

● Vor allem das Motiv zweier im Gleichklang miteinander kommunizierender Delphine ist ideal als Partnersymbol geeignet.

● Kinder haben eine intuitive Beziehung zu diesen wunderbaren Tieren. Daher können auch Kinderzimmer sehr erfolgreich mit Delphinpostern aufgewertet werden.

Hilfsmittel, die das Chi stärken

Auch Bilder können heilen

Jedes Foto, jede Zeichnung und jedes von Künstlerhand gestaltete Gemälde hat eine ganz spezifische Schwingung. Einerseits trägt es die Information des jeweiligen Motivs, andererseits aber auch die Ausstrahlung des Schöpfers in sich. Daher muß die Wahl von Bildern sehr behutsam erfolgen, weil belastende Motive das Leben erschweren würden.

Wichtig: die bewußte Auswahl

- Umgeben Sie sich nur mit solchen Bildern, zu denen auch Ihr »Bauch« ja sagt. Schwermütige und bedrückende Motive sollten so rasch wie möglich entfernt und durch freundlichere ersetzt werden.
- Vermeiden Sie Bilder, die Spannung, Spaltung oder Streß ausdrücken. Vor allem Schlaf- und Kinderzimmer, also die Erholungszonen, sollten von solchen Störeinflüssen freigehalten werden.
- Bilder brauchen genügend Platz, um wirken zu können. Dies gilt sowohl für die Rahmung, die das Motiv nicht einschnüren darf, als auch für die Inszenierung an der Wand, die nicht überladen werden sollte.
- Überlegen Sie sich, welche Schwingung und Ausstrahlung jeder Raum Ihrer Wohnung erhalten soll, und suchen Sie dafür die jeweils idealen Motive.

Suchen Sie Motive, die stärkend wirken

Farben und ihre Wirkung

Die Wirkung von Farben ist unbestritten sehr wichtig. Der richtige Einsatz des jeweils passenden Farbtons kann einen Raum aufwerten und bestehendes Ungleichgewicht neutralisieren. Viele moderne Therapieformen wenden Farben zum Ausgleich von Defiziten an, da sie spezifische heilsame Wirkungen auf Körper und Seele haben. Feng Shui setzt Farben entsprechend ihrer Zuordnung zu den Elementen ein mit dem Ziel, einen Raum in die richtige Schwingung zu versetzen, und zwar

Heilsam und »nährend«

- um den Raum entsprechend der Himmelsrichtung, in der er liegt (Seite 34), mit den passenden Farben zu stärken, oder
- um den Raum als solchen für seine Nutzung ideal vorzubereiten.

Um die richtigen Farben zu wählen, kann der Farbkreis nach den Fünf Elementen (Seite 33) zu Rate gezogen werden.
Erinnern Sie sich, daß nach dem Schöpferischen Kreislauf immer ein Element das nachfolgende nährt und aufbaut.

Hilfsmittel, die das Chi stärken

Einen Raum aktivieren

▶ Sollten Sie beispielsweise einen nach Süden gelegenen Wohnraum aktivieren wollen (unabhängig davon, welche Funktion er tatsächlich hat), dann gehen Sie wie folgt vor: Ermitteln Sie das Feuer-stärkende Element, nämlich »Holz«. Holz bringt Feuer hervor. Die Farbe des Holzelementes ist Grün, die des Feuers ist Rot. Umgeben Sie sich daher in diesem Raum mit üppigen und gesunden Zimmerpflanzen (Grün), streichen Sie Ihre Wohnzimmerwand in einem freundlichen Hellgrün oder überziehen Sie Ihr Lieblingssofa mit Grün und Rot.

Die Tabelle zeigt, welche Farbkombination welcher Himmelsrichtung entspricht und das jeweilige Element fördert:

Farben, die die Elemente stärken

	Holz/Osten	Feuer/Süden	Erde/Zentrum	Metall/Westen	Wasser/Norden
Eigenfarbe	Grün	Rot	Gelb	Weiß	Schwarz, Blau
Wird gefördert durch	Wasser/Schwarz oder Blau	Holz/Grün	Feuer/Rot	Erde/Gelb	Metall/Weiß
Empfohlene Farbkombination	Schwarz oder Blau mit Grün	Grün mit Rot	Rot mit Gelb	Gelb mit Weiß	Weiß mit Schwarz oder Blau

Farben und Himmelsrichtungen

Die passende Farbstimmung

▶ Sie können aber auch die Nutzung eines Raums als Kriterium für die Farbwahl heranziehen. Ein eher aktiv genutzter Raum (beispielsweise Wohnzimmer und Büro) verträgt mehr »aktive Yang-Farbtöne«, wie Rot, Orange und Gelb. Für ruhigere Wohnungsbereiche dagegen, beispielsweise Schlafzimmer oder Bibliothek, wird eine »ruhigere Yin-Farbwahl« empfohlen, etwa sanftes Apricot, warmes Rosa oder Beigetöne.

Eine ausgewogene Kombination dieser Farben klärt die Energie in einem Raum und erhöht dessen Schwingung. Wichtig ist, daß eine angenehme Mischung entsteht, also Einseitigkeit vermieden wird.

● Rot und Schwarz sollten zurückhaltend eingesetzt werden, da eine Überbetonung von Rot zu Aggressivität und Streit, zuviel Schwarz zu Schwermut und Pessimismus führen kann.

Rot und Schwarz

PRAXIS
Hilfsmittel, die das Chi stärken

Das gesamte Spektrum nutzen

● Naturgemäß werden in jedem Raum auch andere Elemente und Farben vertreten sein. Außerdem hat jeder Mensch Lieblingsfarben. Wenn Sie neben den »idealen Farben« die Farbtöne der anderen Elemente sparsam einsetzen und so das gesamte Spektrum der Fünf Wandlungen nutzen, fließt das Chi von einem Element zum nächsten und erzeugt einen vollständigen Schöpferischen Zyklus, mit Schwerpunkt auf den Hauptelementen.

● Je aktiver ein Raum genutzt wird, desto mutiger können Farben mit Signalwirkung – wie Rot, Orange und leuchtendes Gelb – eingesetzt werden. Diese stark aktivierenden Farbtöne müssen immer durch ruhigere Farben ausgeglichen werden, da es sonst zu Ungleichgewicht mit übermäßiger Unruhe käme. In Ruheräumen sollten ruhigere Farben wie Grün, Blau, Ocker den Ton angeben, mit aktiven Farben als »Aufputz«.

Farbsymbolik

● Farben haben auch eine spezielle Symbolik, die aber in jeder Kultur etwas anders gedeutet wird, wie überhaupt die Farbwahrnehmung sehr individuell ist. Hier einige Beispiele für eine der westlichen Kultur angenäherte chinesische Sicht: *Schwarz* ist die Farbe des Elements Wasser und steht in Verbindung mit Geld. *Rot* gilt als heilbringende Farbe, und *Weiß* ist die Farbe der Reinheit. *Gelb*, die Farbe der Sonne, stellt Langlebigkeit dar. *Grün* ist die Farbe des Frühlings und symbolisiert Wachstum, Frische und Gelassenheit.

Wasser fördert Wohlstand

Eine klassische und weitverbreitete Feng-Shui-Lösung sind Aquarien. Doch nur wenige Menschen haben Zeit und Muße zur Pflege; deshalb werden andere Wasser-Hilfsmittel bevorzugt, zum Beispiel Zimmerbrunnen und Wasserfallbilder. Auch diese sorgen für eine Belebung des Chi und können zur Aktivierung des Finanzflusses, der Fülle und segensreicher Ereignisse verwendet werden.

Wasserhilfsmittel, auch das Bild eines Wasserfalls, beleben das Chi und den Fluß der Ereignisse.

Hilfsmittel, die das Chi stärken

• Beliebt sind Wasserhilfsmittel in der Reichtumsecke des Bagua, da sie die ewig sprudelnde Quelle des Wohlstands symbolisieren.
• Im Zimmerbrunnen oder Aquarium sollte immer Wasser allerhöchster Qualität verwendet werden; je weniger UV-bestrahlt, gechlort oder anders »aufbereitet«, um so besser. Belebtes Wasser, das zum Beispiel mit Magneten (Bezugsquelle Seite 59) vitalisiert wurde, ist vorzuziehen, während destilliertes Wasser nur zur Not verwendet werden sollte. Regelmäßige Reinigung ist wichtig.
• Im Schlafzimmer kann bewegtes Wasser Unruhe verursachen. Schalten Sie daher den Zimmerbrunnen am Abend besser aus. Wasserbetten sind übrigens wegen ihrer Instabilität und der Überbetonung des Elements Wasser aus Feng-Shui-Sicht problematisch.

Das sollten Sie beachten

Bewegte Objekte aktivieren das Chi

Überall, wo sich etwas bewegt, wird die Aufmerksamkeit angezogen. Entsprechend aktivierend wirken alle beweglichen Feng-Shui-Mittel wie Mobiles, Windräder und Fahnen. Jedes durch Luftbewegung oder Elektrizität angetriebene Objekt erfüllt diesen Zweck.
• Nicht nur zur Anregung des Chi-Flusses werden sie eingesetzt, sondern auch, um belastende Sha-Energie (Seite 25) zu zerstreuen. In langen Gängen, zwischen Tür und Treppenansatz oder vor einer schneidenden Ecke können bewegte Objekte die Energie sehr gut bremsen und zerstreuen.
• Kinder haben ein besonderes Faible für zarte Mobiles und bunte Windräder. Schon Säuglingen hängen viele Eltern ein Mobile über den Kinderwagen.
• Je nachdem, welche Symbole für das Mobile gewählt werden, kann auch noch deren spezifische Zusatzschwingung im Raum verteilt werden. Fliegende Vögel bringen beispielsweise Luftigkeit und Leichtigkeit, Delphine Freude und Herzen eine liebevolle Qualität.

Auch zur Zerstreuung von Sha-Chi

Das Motiv des Mobiles bringt zusätzlich Stimmung in den Raum.

Hilfsmittel, die das Chi stärken

Schutz und Stabilität durch schwere Objekte

Wie ein Fels in der (Chi-)Brandung

Jeder besonders schwere Gegenstand ist in der Lage, starke und ungebändigte Energieflüsse zu bremsen. Wie ein Fels in der Brandung kann ein Stein oder eine Skulptur wirken. Auch schwere Möbel können denselben Zweck erfüllen.

● Besonderes Einsatzgebiet dieser Lösung ist beispielsweise ein Hanggrundstück, wo die Energie sozusagen den Berg hinunterrollt. Hier kann, anstelle oder zusätzlich zu einer Terrassierung, durch einen schweren Gegenstand ein Stabilisierungs- und Bremspunkt geschaffen werden.

● Auch, um den Energiestrom an Treppenaufgängen oder auf offenen Terrassen zu bremsen, ist dies eine perfekte Lösung.

● Wenn Ihr Leben in bestimmten Bereichen sehr unruhig oder unsicher ist, helfen schwere Objekte in der entsprechenden Bagua-Zone, Ihre Situation wieder zu stabilisieren.

Für ein Gefühl der Sicherheit

● Kinderzimmer sollten von allzu belastenden und schwermachenden Einrichtungsgegenständen verschont werden.

Die Macht persönlicher Gegenstände

Ein Zauber liegt in den Dingen, die wir lieben

Da alle Materie verdichtete Energie ist, hat jeder nur vorstellbare Gegenstand eine individuelle Schwingung. Daher kann grundsätzlich jedes Ding als Feng-Shui-Werkzeug genutzt werden – das kann ein Stein sein, den Sie im Urlaub am Strand gefunden haben, eine Vase in einer hinreißenden Farbe, ein Bild, das eine Sehnsucht symbolisiert ... Sehr oft haben solche individuellen und persönlichkeitsbezogenen Lösungen wesentlich mehr Aussagekraft für den Anwender als das beste im Geschäft erstandene »Standardwerkzeug«. Haben Sie daher Mut, und sagen Sie ja zur eigenen Kreativität und Inspiration.

● Entwickeln Sie Ihre eigenen Lösungen und Symbole. Wichtig ist vor allem, was Sie darin sehen oder spüren. Bei jedem Kontakt mit diesem Gegenstand wird sich Ihr Unbewußtes an dessen Bedeutung erinnern und somit den Wirkmechanismus aktivieren.

Finden Sie Ihre eigenen Symbole

● Nicht, was andere für richtig halten, zählt, sondern nur Ihr ureigenstes Empfinden. Geben Sie sich daher auch Zeit und Raum zum Experimentieren. Sie werden feststellen, daß Ihre Intuition, Ihr Gefühl »im Bauch« in der Regel Recht hat.

Checkliste »Haus und Garten«

Stehen Sofa und Bett optimal? Wo würden mehr Pflanzen guttun? Was ist auf dem Schreibtisch zu beachten? Wie stärkt man einen Fehlbereich des Bagua? Nutzen Sie dieses Kapitel als Checkliste, um Wohnbereich und Garten Punkt für Punkt nach Schwachstellen zu durchforsten. Und wenn Sie dann aktiv werden: Ändern Sie eines nach dem anderen, ohne Hast, ohne sich unter Druck zu setzen. Schritt für Schritt wird sich so auch Ihr Leben ändern.

Von außen nach innen

Ein Garten voller Energie

Im idealen Garten kann das Chi frei tanzen:
- Die Zugänge zum Gebäude und alle anderen Wege im Garten sollten frei und einladend sein. In den Weg ragende Pflanzen, speziell dornige Gewächse, müssen beschnitten werden, damit der freie Fluß des Chi nicht behindert wird.
- Direkt vor dem Eingang sollte kein Baum stehen, weil er beim Hinausgehen wie eine Barriere wirkt. Vor einen solchen Baum sollte man eine einladende Sitzbank stellen oder ihn mit anderen erfreulichen Dingen dekorieren. Erklären Sie Ihn zum »Freund und Wächter«.
- Ein Feng-Shui-Garten ist vielfältig und abwechslungsreich gestaltet und beherbergt vorwiegend heimische Gehölze. In ihm ist auch Platz für ungestörte Naturrefugien, wo Rasenmäher und andere Störenfriede nichts zu suchen haben. Er berücksichtigt immergrüne Gehölze genauso wie laubabwerfende. Die Wege verlaufen sanft fließend durch den Garten und das Zentrum bleibt frei. Dies gilt für Gärten jeder Größenordnung.
- Rosenspaliere und bewachsene Pergolas sind belebte Durchgangsschleusen, welche das Chi des Durchgehenden anheben. Es ist, wie durch einen harmonisierenden Filter zu gehen und sich dabei aufzuladen.
- Dornenpflanzen (außer Rosen) sind eher für entferntere Bereiche geeignet; weiche, fließende Formen sind bevorzugt in der Nähe von Gehwegen anzusiedeln.
- Immergrüne Pflanzen symbolisieren Langlebigkeit und Kontinuität, während laubabwerfende Gehölze für Veränderung und Umwandlung stehen. Daher sollten beide Kategorien in einem Garten vertreten sein.
- Zu hohe Hecken könnten wie eine Mauer wirken.

Fehlbereiche des Bagua stärken

Wenn Sie sich zunehmend isoliert fühlen und das Leben mehr und mehr an Ihnen vorbeiläuft, ist es für einen Heckenschnitt höchste Zeit.
- Baumstümpfe sollten immer ausgegraben werden. Gleiches gilt für abgestorbene Bäume, welche Verfall und Stagnation symbolisieren. Dies hat im Wohnumfeld nichts zu suchen.
- Stehen Bäume zu nah am Haus, leidet der Chi-Fluß.
- Hausbewuchs wie Efeu oder Wilder Wein kann die Energie des Gebäudes positiv beeinflussen, sofern keine Fenster, Durchgänge oder Türen verdeckt werden. Allerdings gilt dies nur, wenn die Bewohner damit einverstanden sind. Bei persönlicher Abneigung gegen den Bewuchs kann die Wirkung, wie bei allen guten Dingen, gegenteilig sein.
- Kompostierung erhöht die Bodenfruchtbarkeit und ist ein wertvoller Beitrag zur Kreislaufwirtschaft. Allerdings sollte der Kompostplatz möglichst nicht in der Zone des »Reichtums« liegen. Ist dies doch der Fall, dann kann eine gute Pflege sowie eine freundliche und schützende Umpflanzung die Situation stabilisieren.

»Gute Geister« zu sich einladen

Um Gebäude oder einzelne Räume von energetischen »Altlasten« (Seite 50) zu reinigen, gibt es verschiedene Methoden. Traditionell verwendete man in unseren Breiten Weihrauch und räucherte damit die neuen Räume vor dem Einzug.
- Eine Weihrauch-Räucherung erhöht und verfeinert damit die Schwingung im Raum. Sie befreit auch von unangenehmen Gerüchen, und sie klärt die Atmosphäre, wenn in Räumen gestritten wurde oder wenn in Krankenzimmern, Warte- oder Prüfungsräumen viele Menschen ihre Sorgen hängengelassen haben.
Eine Räucherschale mit glühender Räucherkohle und Weihrauchharzkörnern wird dazu durch die Wohnung getragen (Buchtip Seite 92).
- Sie können auch mit Salbei räuchern: Binden Sie gut getrocknete Salbeizweige, eventuell ergänzt mit Wacholder- und Rosmarinzweigen, mit einem Baumwollfaden fest zu einem 15 bis 20 cm langen Stab. Brennen Sie ihn kurz an, und blasen Sie ihn dann sanft aus. Während er glüht und seinen duftenden Rauch verströmt, gehen Sie mit ihm durch die Räume.
- Besonders wirksam sind Hausreinigungen mit Klang: Dazu durchwandern Sie Ihre Wohnung, während Sie Glocken oder Zimbeln ertönen lassen – so lange, bis der Klang im Raum hell und klar wirkt.
- Eine regelmäßige Gabe Rosenöl im Reinigungswasser (Seite 56) hilft, die hohe Schwingung zu bewahren.

Fehlbereiche des Bagua stärken

Wenn das Bagua Ihrer Wohnung nicht vollständig ist (siehe Seite 40), können Sie diese Fehlbereiche auf drei Arten ausgleichen:
- Direkt im Fehlbereich außen, wenn Sie glücklicher Besitzer eines Gartens sind:

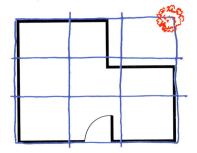

Von außen nach innen

Befestigen Sie im Schnittpunkt der Bagua-Ecke eine strahlende Lampe, pflanzen Sie dort einen Busch oder einen Baum, oder plazieren Sie dort eine gesunde Pflanze in einem stabilen Gefäß. Auch ein Klangspiel in dieser Ecke oder eine Rosenkugel können den Punkt beleben.

● Sie können den Fehlbereich ebenso von der Innenseite her aktivieren. Regenbogenkristalle in den Fenstern oder ein Spiegel, der die Wand optisch öffnet, sind geeignete Hilfsmittel.

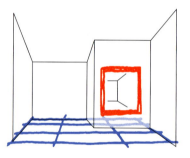

● Da auch jeder einzelne Raum ein eigenes Bagua aufweist, kann ersatzweise die Baguazone eines beliebigen Wohnraumes aktiviert werden. Fehlt beispielsweise die Zone »Partnerschaft« in Ihrer Wohnung, so könnten Sie die Partnerecke des Schlafzimmers besonders liebevoll gestalten und beleben. In untergeordneten Bereichen, wie Abstellräumen, Badezimmern, WC's oder Schrankräumen sollten Sie grundsätzlich keine Fehlzonen aktivieren.

Zum Harmonisieren der Bagua-Bereiche eignen sich nur aktiv genutzte Lebensräume, wie Schlaf-, Wohn-, Eß- und Arbeitszimmer und Küche.

In Kinderzimmern sollte nur vorsichtig belebt werden, am besten die Zone »Kinder«.

Die Aufteilung der Bagua-Zonen

Es ist naheliegend anzunehmen, daß die neun Bagua-Zonen der Wohnung nicht exakt mit den Größen der einzelnen Räume übereinstimmen.

Es kann daher Räume geben, welche von zwei, drei oder vier Bagua-Zonen berührt werden (Abbildung unten). Dies ändert nichts an der Wirksamkeit des jeweiligen Bagua-Bereichs.

Wenn jedoch ein Bereich des Baguas von mehreren Mauern durchtrennt wird (Abbildung unten), oder wenn dort

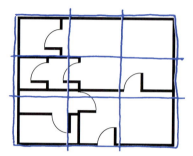

ungünstige oder selten genutzte Räume liegen und auch natürliches Licht Mangelware ist, dann ist stagnierende Energie zu erwarten. Diese Zone kann – ähnlich einem Fehlbereich – als geschwächt angesehen werden.

● Bringen Sie Leben in die Problemzone, indem Sie Pflanzen dort aufstellen, die Räume öfters bewußt aufsuchen, die Beleuchtung verbessern oder einfach eine neue Nutzung vorsehen. In solchen Räumen sollten keine einzelnen Zonen aktiviert, sondern nur das Energiepotential des gesamten Raums gestärkt werden.

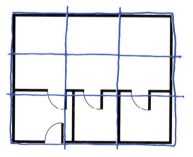

Willkommen daheim!

Der Zugang des Chi: Wege und Zufahrten

Bereits der Eingang des Grundstücks sollte dem Eintretenden ein aufbauendes Gefühl vermitteln.

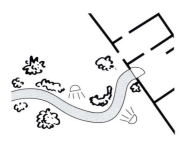

- Der Weg zur Haustür verläuft am besten leicht geschwungen. Eine gute Pflasterung vermittelt Stabilität, und die freundliche Begleitbepflanzung tut das ihrige (Seite 74). Positiv sind auch in regelmäßigen Abständen entlang des Wegs angebrachte Gartenleuchten. Diese sorgen für Übersicht während der Nachtstunden und aktivieren Ihre »Nabelschnur« zur Außenwelt.
- Lose Steine im Gehweg oder auch wackelige Stufen sind üblicherweise Hinweise auf eine instabile Lebenssituation. Selbst abgerutschte Hänge mit entsprechend »schräger Aufstiegshaltung« kommen gelegentlich vor. So etwas sollte sofort repariert werden, da Sie ansonsten täglich »wackelig« in die Welt schreiten und aus ihr zurückkehren. Das kann auf Dauer nicht günstig für Ihr Unterbewußtes sein.
- Gönnen Sie sich einen rutschfesten Untergrund, damit Sie auch bei feuchtem Wetter sicher durchs Leben schreiten können.

Was tun bei Sha-Chi?

Sha-Energie (Seite 25) sollte immer gebremst oder umgewandelt werden.
- Wenn die Hauskante oder die Dachlinie Ihres Nachbarn bei Ihnen ins Haus Schneidendes Chi »schießt«, dann können dazwischengepflanzte Bäume oder Sträucher für Abhilfe sorgen. Auch hohe Hecken können die eindringende Energie des Nachbarn abschotten.
- Damit aggressive Sha-Energie von Leitungen, Kanälen oder Straßen und anderem (Seite 53) keinen Schaden anrichten kann, sollten die Eingangstür und die Fenster vor diesen Angriffen geschützt werden: Viele Menschen verwenden ganz instinktiv Türkränze, Glückssprüche, Dreikönigszeichen, Rosenkugeln oder Steinlöwen im Außenbereich, um das Haus vor Schaden zu bewahren.

Der Hauseingang

Das Gefühl beim Betreten des Hauses entscheidet, welchen ersten Energieschub Sie oder Ihr Gast bekommen. Da bereits der Eindruck *vor* der Tür prägt, ist der Eingang besonders wichtig.
- Er sollte klar erkennbar sein und in Größe und Erscheinung dem Gebäude entsprechen. Idealerweise öffnet die Türe nach innen, was einladender wirkt, als wenn man einen Schritt zurücktreten muß.
- Die wichtigste Aufgabe einer Beleuchtung ist ihre Funktion als Wegweiser und Orientierungshilfe. Dies ist gerade beim Hauseingang von besonderer Bedeutung. Die Beleuchtung ist nur dann effizient, wenn das Namensschild lesbar, das Schlüsselloch gut sichtbar und der Gast vom Hausinnern her problemlos zu erkennen ist.

Von außen nach innen

Das Entrée

Selbst das kleinste Vorzimmer oder ein Windfang läßt sich mit geringem Aufwand gut in Szene setzen.
● Wichtig ist, daß der Raum nicht überladen und unordentlich wirkt: Schuhe und Kleidung sollten in einem Schrank verschwinden.
● Je enger der Vorraum, um so wichtiger, daß der Energiefluß nicht blockiert wird. Möbelkanten sollten abgerundet sein, und mittels Spiegeln oder Bildern kann der Eindruck von Weite und Offenheit erzeugt werden.
● Wenn die Eingangstür direkt gegen eine Wand öffnet, symbolisiert das Begrenzung. Auch hier hilft ein Spiegel oder ein Bild mit Tiefe.
● Achten Sie auf gute Beleuchtung. Beispielsweise werfen mehrere Spots gezieltes Licht auf Garderobe, Spiegel und Telefonablage und verleihen Bildern einen stimmungsvollen Rahmen.

Der erste Raum

Das Zimmer, das – nach dem Vorraum – als erstes in Ihr Bewußtsein kommt, prägt Ihren Lebensablauf besonders. Wenn Sie diese Wirkung abschwächen wollen, sollten Sie dessen Tür geschlossen halten und daran außen in Blickhöhe einen kleinen Spiegel oder einen glänzenden Gegenstand befestigen, der das Chi zurückspiegelt.
● Der erste Blick sollte nicht auf Bad oder WC fallen, da dies gesundheitliche oder finanzielle Probleme verursachen könnte (Seite 90).
● Ist es Küche oder Eßzimmer, wird das Thema Ernährung sehr wichtig in Ihrem Leben – etwa als sehr bewußte Ernährung, aufwendiges Kochen, häufige Gästebewirtung, oder als zwanghaftes Essen, Gewichtsprobleme.
● Ist das Schlafzimmer der erste Eindruck, so kann sich im Laufe der Zeit eine latente Müdigkeit und Ruhebedürftigkeit entwickeln.
● Das Arbeitszimmer beim Eingang läßt eher darauf schließen, daß Sie übermäßig viel Zeit mit Arbeit verbringen. Dies ist eine mögliche Workaholiker-Konstellation.
● Das Kinderzimmer an dieser Stelle läßt die Kinder den Haushalt regieren ...
● Das Gästezimmer deutet auf starke Außenorientierung hin. Es kann auch bedeuten, daß Sie sich sehr nach der Meinung anderer richten.
● Ideal ist das Wohnzimmer als erster prägender Raum, da es Gemütlichkeit und Offenheit repräsentiert und zur Entspannung einlädt.

Teppiche lenken Energie

● Ob Teppich, Holz- oder Fliesenboden: Achten Sie auf die Verlegerichtung, denn Muster lenken den Energiefluß. In einem schmalen, langen Gang beispielsweise würde ein längsgestreifter Läufer das Sha-Chi noch verstärken; deshalb ist hier eine quergelegte Musterung zu empfehlen. Das beruhigt den Energiefluß und versorgt gleichzeitig die seitlichen Räume besser mit Energie.
● Wichtig ist auch die Webrichtung von Teppichen, vor allem bei manuell gefertigten mit längerem Flor. Es würde eine innere Abwehr hervorrufen, in einen Raum hinein gegen den Strich zu laufen. Um die Webrichtung festzustellen: Wenn Sie längs über den Teppich streichen, legen sich die Fäden um; gegen den Strich stellen sie sich auf.

Die Wohnung zum Wohlfühlen

Das erholsame Schlafzimmer

Ein gutes Drittel Ihres Lebens verbringen Sie im Bett. Daher ist das Schlafzimmer der wohl wichtigste Raum Ihrer Wohnung. Hier wollen Sie sich von den Strapazen des Alltags erholen, und hier laden Sie Ihre Lebensbatterie wieder auf.
● Als Yin-Raum (Seite 29) sollte er kleiner sein als das Yang-Wohnzimmer.
● Als Raum der Ruhe und des Rückzugs sollte er so weit wie möglich vom Haupteingang entfernt liegen und auch nicht an Bad oder WC grenzen. Dies könnte einerseits die Ruhe und Behaglichkeit des Schlafs stören (von anderen Familienmitgliedern verursachte Geräusche) und andererseits auf Dauer zu gesundheitlichen Schwächen führen (Seite 90).
● Eine gute Schlafqualität unterstützt vor allem die harmonische Gestaltung des Raums und der Einrichtung.

Das Bett

Wichtig ist, das es möglichst am »Ort der höchsten Harmonie« steht. Dieser Kraftplatz des Raums (Seite 58) vermittelt Sicherheit und verhilft Ihnen dadurch zu völliger Entspannung.
● Es sollte so weit wie möglich von Tür und Fenster entfernt sein; am besten mit dem Kopfteil an einer geschlossenen Wand, so daß Sie den Raum überblicken können. Steht es unter einer Dachschräge, kann dies bedrückend wirken.
● Es sollte nicht zwischen Tür und Fenster stehen.

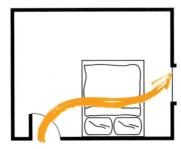

Schließlich schläft niemand gerne in einer »Energieautobahn«. Die Folgen wären

Schlaflosigkeit, Alpträume und morgendliche Zerschlagenheit. Vorwiegend davon betroffen wäre jener Bettplatz, welcher näher an der Tür liegt.

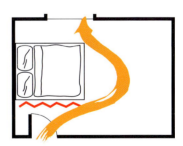

Abhilfe schaffen läßt sich in einer solchen Situation durch einen Raumteiler. Dafür würde sich beispielsweise ein halbhohes Bücherregal anbieten, ein Paravent oder einfach ein am Abend vorzuziehender Vorhang.

PRAXIS
Die Wohnung zum Wohlfühlen

Auch ein Regenbogenkristall unter der Decke zwischen Tür und Bett wäre eine Lösung.
- Wenn Sie hinter sich ein Fenster haben, sollten Sie dieses während des Schlafs mittels Vorhängen oder Rolläden schließen. Ansonsten wäre Ihr Rücken ungeschützt, was eher zu Verkrampfung als zu Entspannung führen würde.
- Wenn Ihr Bett schräg im Raum steht, so sollten Sie das dahinter entstehende Dreieck verbauen. Der ungenutzte offene Bereich würde Unruhe und Instabilität in Ihr Leben bringen.

Weitere Möbel

- Ziehen Sie Möbel mit abgerundeten Ecken vor. Oder verhängen Sie zumindest die scharfen Kanten des Nachtkästchens mit einem Zierdeckchen, stellen vor Mauer-

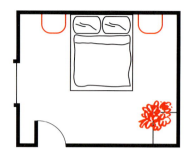

oder Schrankecken eine Pflanze – die »Geheimen Pfeile« scharfer Kanten könnten sonst den Schlaf stören (Seite 26).
- Schlafzimmermöbel dürfen den Raum nicht ersticken. Sie sollten deshalb eine helle Farbe haben und nicht zu nahe am Bett stehen.
- Einbauschränke behindern das menschliche Bedürfnis nach Veränderung und blockieren oftmals die besten Raumzonen. Wer wenige – und bewegliche – Möbel im Zimmer hat, ist aus Feng-Shui-Sicht besser dran.
- Ein begehbarer Schrank stellt einen eigenen Raum dar (Bagua). Er darf nicht zur Rumpelkammer verkommen, sollte gut beleuchtet sein und regelmäßig gelüftet werden. Empfehlenswert sind Lavendel und andere natürliche Duftstoffe und Maßnahmen, die das Chi bewegen, etwa ein Mobile.

Stör-Energien

- Vermeiden Sie Spiegel in Schlafzimmern. Sehr oft sind diese die Ursache für Schlafprobleme, weil sie Stör-Energien verstärken. Ein probeweises Zuhängen der Spiegel während der Nacht kann Aufschluß darüber geben, ob die Störung tatsächlich von diesem ausging.
- Wenn Sie allerdings die Tür von Ihrer Schlafposition aus nicht überblicken können, dann kann ein an der richtigen Stelle angebrachter kleiner Spiegel Ihnen die notwendige Kontrolle verschaffen. Hier kann also ein kleines Übel (Spiegel) in Kauf genommen werden, um ein größeres Problem (Unsicherheit) zu beseitigen.
- Radiowecker mit LCD-Leuchtziffern können extreme Belastungen verursachen. Besser wäre es, den unmittelbaren Schlafbereich so störungs- und stromfrei wie möglich zu halten (Seite 57).
- Wenn Sie schon nicht auf Ihren Fernseher im Schlafzimmer verzichten möchten, dann halten Sie den Abstand so groß wie möglich und verwenden Sie ein eher kleineres Gerät. Lassen Sie es nachts in einem Schrank ver-

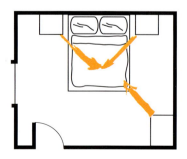

Das erholsame Schlafzimmer

schwinden, oder ziehen Sie den Stecker. Achten Sie vor allem darauf, daß im Nebenzimmer niemand an der Wand zum Fernseher schläft.
- Die Zone über dem Bett sollte so frei wie möglich von Belastungen sein. Schwere Lampen über Ihrem Körper oder ein Bücherregal über dem Kopf verursachen Druck und Spannung und gehören schleunigst entfernt.
- Balken, die über Ihrem Bett aus der Decke ragen, können wie Wasseradern zu gesundheitlichen oder emotionalen Störungen führen. Verkleiden Sie die Balken mit einer Zwischendecke (auch Stoff tut's), oder realisieren Sie den Traum vom »Himmelbett«. In diesem schaffen Sie sich Ihre eigene Höhle, und die Balken verschwinden aus Ihrem Bewußtsein.

Farben und Bilder

Auch die Farben des Raums wirken sich auf die Qualität des Schlafs aus.
- Sehr dynamische Farbtöne wie Rot, Orange oder Gelb (Seite 67) können einerseits mehr Abwechslung ins Schlafzimmer bringen, andererseits jedoch wird in einem derart stark geladenen Umfeld ein erholsamer Schlaf eher erschwert.
- Ihr idealer Schlafraum sollte genügend Yin-Qualitäten aufweisen (Seite 29), schließlich wollen Sie sich hier voll Vertrauen »öffnen« können, um zu regenerieren. Entscheiden Sie sich für warme und harmonisierende Farbtöne, und wählen Sie Muster mit beruhigender Schwingung. Obwohl Blau beruhigend wirkt, sollte ein flächendeckendes Dunkelblau vermieden werden, weil es den Raum subjektiv kühler macht.

Besonders wichtig ist auch die Wahl der richtigen Bilder. Denn sie beeinflussen Ihr Umfeld bei Tag und bei Nacht – wählen Sie deshalb sorgsam aus!
- Belastende Motive, beispielsweise Bilder vom sterbenden Wald, das Foto eines ungeliebten Vorfahren oder auch nur eine depressive Nebellandschaft können nachhaltig die Stimmung und somit das Wohlergehen beeinflussen. Manchmal können aber auch besonders »heile« Motive wie Heiligenbilder ein Zuviel des Guten bewirken und die freie persönliche Entfaltung blockieren, insbesondere im sexuellen Bereich.
- Nur solche Bilder sollten daher in Ihren Intimbereich gelangen, zu denen Sie und Ihr Partner persönlich ein gutes Gefühl haben und deren Energie Sie aufbaut.

Pflanzen

Pflanzen im Schlafzimmer stellen ein eigenes Thema dar. Da sie Leben und Gedeihen symbolisieren, bereichern sie unser Umfeld enorm, dennoch ist nicht jeder Raum gleich gut für Pflanzen geeignet. Als grüne Lungen erzeugen sie während der Tageszeit Sauerstoff, doch des Nachts verhält es sich umgekehrt, und sie werden zu Verbrauchern.
- In kleinen, schlecht belüfteten Schlafräumen sollten nicht allzu viele Pflanzen stehen, weil sie an unserem Luftvorrat mitnaschen.

Die Partnerecke

Auf diese sollten Sie im Schlafzimmer besonders achten. Sie liegt rechts hinten vom Eingang aus gesehen und ist meist mit Büchern, Kartons oder der Bügelwäsche vollgeräumt.

Schaffen Sie sich dort einen Platz der besonderen Art, in den Sie symbolisch jene Qualitäten bringen, die für Sie eine gelungene Partnerschaft beschreiben.
- Eine wirklich klare Botschaft geben Gegenstände, die Sie selbst als außergewöhnlich und sehr symbolstark empfinden (Seite 71). Wieviel gutes Chi haftet selbst an einem unscheinbaren Kieselstein, wenn er Sie an eine romantische Liebesnacht an einem griechischen Strand erinnert?!
- Wenn Sie es mit Pflanzen versuchen, dann sollten sie besonders gesund sein und idealerweise sogar blühen – so, wie Ihre Beziehung. Rot und Rosa sind dafür bestens geeignete Farben. Sollte Ihre Partnerecke vorwiegend mit Kakteen dekoriert sein, dürfen Sie sich nicht wundern, wenn die Kontakte zu anderen Menschen eher unpersönlich und sogar ein bißchen »stachelig« verlaufen.
- Ideale Partnerlösungen sind neben gutem Licht (»Strahlen und Freude«) auch paarige Gegenstände. Und ersetzen Sie besser das Bild des einsamen Baums durch ein Motiv der Gemeinsamkeit (Seite 42).

Die nährende Qualität der Küche

Die Küche ist neben dem Schlafzimmer der zweitwichtigste Raum einer Wohnung. Schließlich wird hier die Nahrung bereitet, die mit ihrer Qualität und Schwingung die Familienmitglieder aufbauen und auch gesunderhalten soll.
Vor allem ist die Position des Herdes zu betrachten. Im alten China wurde mit komplizierten Methoden errechnet, in welche Richtung dieser zu stehen hatte.

Der Herd

Es ist ein »feuriger Prozeß«, welcher die Nahrung beim Kochen auf dem Herd verwandelt. Dieser Vorgang verändert die Struktur des Essens grundlegend, deshalb beeinflußt er auch mehr als alles andere die Wirkung der Nahrung im Körper (siehe auch Buchtip Seite 92).
Wer auch immer in einer Familie kocht, sollte sich so gut und sicher wie möglich fühlen, denn dann werden die Schwingungen, die er oder sie ins Essen hineinsendet, auch aufbauende und stärkende Qualitäten haben. »Liebe geht durch den Magen« – umgekehrt werden Menschen mit schlechter Laune ihren Frust in die Nahrung hineinprojizieren. Nicht nur die allgemeine Stimmungslage beeinflußt die Wirkung der Speisen, sondern auch, ob Sie sich beim Kochen sicher und geschützt oder in gewisser Weise ausgeliefert fühlen.
- Deshalb sollte der Herd so im Raum stehen, daß Sie die Küche überblicken können. Wenn Sie hinter sich auch noch eine geschlossene Wand haben, dann wirken Sie aus einer Position der Stärke und Zentriertheit heraus. Das Essen wird nicht nur anders schmecken, sondern auch bessere feinstoffliche Qualitäten aufweisen. Dies bringt Harmonie und Stabilität in die Familie und ist von größter Wichtigkeit. Nebenbei bemerkt: Schnell aufgewärmte Dosen- oder Tiefkühlkost kann solche Qualitäten nicht bieten.
- Herde, an denen Sie mit dem Rücken zur Tür arbeiten müssen, können durch einen Spiegel (an der Wand hinter dem Herd) oder durch ein zartes Windspiel an der

Die Küche / Eßplatz – streßfreie Zone

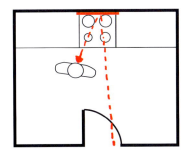

Küchentür stabilisiert werden. Der Spiegel zeigt die Tür und somit jede potentielle Überraschung, während der vom Windspiel erzeugte Klang hörbar informiert, falls jemand den Raum betritt.
• Herd und Spüle – also Feuer und Wasser – sollten nicht unmittelbar nebeneinander stehen. Sonst löscht das Wasser die Energie des Herdes, was zu Geldproblemen oder gesundheitlichen Schwächen führen könnte. Bringen Sie gezielt ein Stück Holz zwischen die beiden »Streithähne«, indem Sie einen Ziergegenstand oder beispielsweise

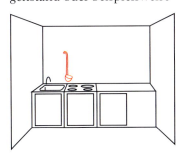

einen hölzernen Kochlöffel an der Wand montieren. Auch der Eisschrank, die Gefriertruhe und die Waschmaschine repräsentieren das Element Wasser und sollten vom Herd bewußt getrennt werden.
• Wenn das Fenster in der Nähe der Kochstelle ist, kann direkt entlüftet werden. Das ist harmonischer und energetisch sinnvoller als der Einsatz von Dunstabzugshauben: Abgesehen vom Lärm behindert alles Schwere, Massive über dem Herd – auch Balken – dessen aufsteigendes Chi und das der davorstehenden Person.

Licht und Farbe

• Küchen sollten geräumig, hell und gut durchlüftet sein. Die Koch- und Arbeitsstellen sollten besonders gut beleuchtet sein. So brauchen etwa Arbeitsstellen unter Hängeschränken Extralicht.
• Helle Farben wie Gelb und kräftige Erdtöne laden die Nahrung mit mehr freundlicher und lebensförderlicher Energie. Auch ein leicht abgetöntes Weiß ist eine gute Küchenfarbe, weil sie für Reinheit und Klarheit steht.

Eßplatz – streßfreie Zone

Ideal ist es, wenn der Weg von der Kochstelle zum Eßplatz nicht weit ist – deshalb bietet sich die gute alte Wohnküche als empfehlenswerte Alltagslösung an. Sie ist meist praktischer und auch gemütlicher als entferntere, »repräsentative« Eßzimmer, die oft nur bei Gästebesuch genutzt werden.
• Wenn Sie aber ein Eßzimmer haben, dann sollte es praktischerweise gleich neben der Küche liegen.
• Ist der Eßplatz im Wohnzimmer, sollte er räumlich vom Wohnbereich getrennt werden, etwa durch ein Möbelstück, eine Pflanze oder ein Klangspiel. Ansonsten verschmilzt der Bereich des Essens zu sehr mit dem Wohnen, und man wird möglicherweise zum »Daueresser«.
• Die Ausstrahlung des Bereichs, in dem gegessen wird, beeinflußt die Familie täglich bei jeder Mahlzeit. Richten Sie ihn daher so ein, daß er Harmonie und Wohlgefühl vermittelt. Zu vermeiden sind Dekorationsgegenstände oder Bilder, die Streß oder Spannung erzeugen.

Die Möblierung

- Seinem Zweck entsprechend sollte der Eßplatz klar, aber anheimelnd wirken – weder zu nüchtern (Glas und Chrom), noch zu verspielt.
- Am wichtigsten ist der Tisch. Zu empfehlen sind alle geschlossenen Tischformen: rund, oval, quadratisch, rechteckig oder achteckig. Unsymmetrische oder unvollständige Tischformen wie Rechtecke mit angeschrägten Ecken wirken disharmonisch und führen immer wieder mal zu Streit. Eine einfache Tischdecke kann hier bereits abhelfen.
- Auf einem runden Tisch sollte etwas Eckiges, auf einem eckigen Tisch etwas Rundes in die Mitte gestellt werden – zum Beispiel kleine Blumenarrangements, eine Vase oder ein Glasteller.
- Trennfugen von Ausziehtischen wirken tatsächlich trennend, also nicht eben kommunikationsfördernd. Auch hier hilft eine Decke.
- Der Tisch sollte eine solide Platte haben. Ein Eßtisch aus Glas oder Plexiglas wird immer den Eindruck vermitteln, als würden die Mahlzeiten »schweben«. Abgesehen davon, daß man an einem solchen Tisch auch immer die Beine der anderen Gäste sieht, was sehr ablenken kann, führt dieses Schwebegefühl zu Unsicherheit und Irritation. Dadurch kann sich die Qualität des Essens nicht zur Gänze entfalten.

Freiraum Kinderzimmer

Die Herausforderungen unserer schnellebigen Zeit werden auch für Kinder immer größer. Um sie bestmöglich zu fördern, bedarf es eines Umfelds, das Stabilität und Geborgenheit vermittelt. Wir dürfen niemals vergessen, daß es die frühen Kindheitsjahre sind, die entscheiden, wie sich ein Mensch im Leben verhalten wird. Sehr viel Gutes kann bereits durch die Wahl des richtigen Zimmers getan werden.

Raum und Möbel

- Kinderzimmer sind dann gut geeignet, wenn sie Sonnenlicht einfangen und vor allem genügend Bewegungsraum bieten. Daher sollten Ihre Kinder die größeren Schlafräume des Hauses bewohnen, denn anders als wir Erwachsenen verbringen sie dort auch tagsüber viel Zeit.
- Um ein optimistisches und aufrechtes Heranwachsen zu ermöglichen, sollte die Einrichtung des Kinderzimmers überwiegend aus hellen und leichten Möbeln bestehen. Die zarte Wesenheit eines Kindes würde durch schwere und dunkle Möbel in seiner Entwicklung behindert werden. Dies könnte sogar so weit führen, daß Kinder, die zu stark unter Einschränkung leiden (entweder durch die Möbel oder durch die Familiensituation), eher verletzungsanfällig werden und zu Knochenbrüchen neigen, weil sie unbewußt immer gegen das Gefühl der Beengung ankämpfen und dabei manchmal ihre Belastungsgrenze überschreiten.
- Die Kinderzone des Bagua befindet sich rechts in der Mitte vom Eingang aus gesehen. Wenn dort ein Schrank oder ein anderes massives Möbelstück steht, dann kann es sein, daß Ihr Kind zu Entwicklungsproblemen neigt. Besser wäre es, diesen Bereich so gut wie möglich frei zu lassen und ihn statt dessen mit Bildern oder anderen, dem Kind gut tuenden Gegenständen aufzuwerten.

Freiraum Kinderzimmer / Treffpunkt Wohnzimmer

- Das Bett sollte auf dem Kraftplatz des Raums stehen, also weit weg von Tür und Fenster, an einer geschlossenen Wand. Eine Dachschräge über dem Bett würde ähnlich bedrückend wirken wie ein Balken (Seite 81).
- Der Wickeltisch kann näher an der Tür sein, da hier ein kurzfristiger, sehr aktiver Prozeß stattfindet und das Kind ohnehin durch Mutti oder Vati geschützt wird.
- Elektronische Fremdeinflüsse durch Fernseher, Stereoanlage oder PC erzeugen Streß und sollten so lange wie möglich vom Zimmer ferngehalten werden.

Der Lernplatz

- Der Schreibtisch sollte so plaziert sein, daß er neben gutem Lichteinfall (Seite 88) vor allem ein optimales Gefühl von Sicherheit und Stabilität bietet (Seite 58).
- Wenn der Tisch Ihres Sprößlings jedoch so steht, daß der Blick direkt aus dem Fenster schweift, dann sitzt er wegen der nicht kontrollierbaren Tür sehr schwach, und außerdem neigen solche Kinder zu Tagträumereien. Deutlich sichtbar wird das Problem, wenn Ihr Kind sei-

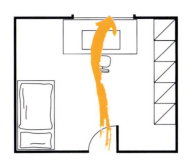

nen (schwachen) Lernplatz meidet und zu anderen Stellen flüchtet. Dies kann beispielsweise dazu führen, daß es sich vorwiegend in der Küche aufhält, weil dort der einzige gemütliche Tisch steht, oder daß es am liebsten im Bett lernt. Hier hilft kein Schimpfen, vielmehr muß Abhilfe geschaffen werden, indem Sie den Raum umgestalten. Wenn Sie nur den Arbeitsplatz so drehen, daß sich das Kind in der Position der Stärke befindet, dann wird es seine Hausaufgaben wesentlich leichter und effizienter erledigen.

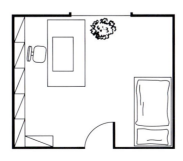

Treffpunkt Wohnzimmer

Wer beim Nachhausekommen als erstes das Wohnzimmer sieht, darf sich glücklich schätzen. Sofort denkt man an Entspannung und läßt somit den Trubel des Alltags leichter hinter sich.
Die Funktion dieses Raums läßt sich schnell umschreiben: Er dient der Familie als gemeinsamer Treffpunkt, außerdem werden hier Gäste empfangen.

- Seine Ausstrahlung ist deshalb sehr wichtig, denn Wohlgefühl und Behaglichkeit sollten vorherrschen. Dann werden sich alle Familienmitglieder gerne hier aufhalten, und die Harmonie innerhalb der Familie wird gefördert. Außerdem werden sich Ihre Gäste gut aufgehoben fühlen.
- Ist der Raum sehr groß, sollte er mit Hilfe größerer Pflanzen oder Raumteiler in verschiedene Bereiche gegliedert werden, da sich in einem zu weitläufigen Raum das Chi regelrecht verlieren kann. Ist das Zimmer sehr klein, sollten möglichst nur wenige, helle, niedrige Möbel darin stehen.

Die Wohnung zum Wohlfühlen

● Geräte wie Fernseher und Stereoanlage verstärken Aktivität und Dynamik im Raum. Große Pflanzen bringen ihre Vitalität hinein.

Das Sofa

● Richten Sie Ihr Wohnzimmer so ein, daß das wichtigste Sitzmöbel an einer geschlossenen Wand steht und der Blick von dort auf erfreuliche Dinge des Umfelds fällt. Falls möglich, sollte der Garten oder der mit Pflanzen gestaltete Balkon in dieser Richtung liegen, denn das vermittelt Weite und Lebendigkeit.

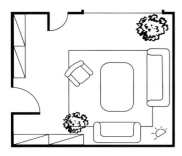

● Wenn das Sofa jedoch mitten im Raum steht, »öffnet« das Ihren Rücken. Plazieren Sie in solchen Fällen eine größere Zimmerpflanze hinter sich, oder versuchen Sie es mit einer Lampe, einem Raumteiler oder ähnlichem.

● Sessel drücken einen Hang zur Individualität aus, während breite und weit ausladende Sofas andeuten, daß Sie Platz und Raum für mehr als nur eine Person (und damit auch Meinung) in Ihrem Weltbild haben.

Licht und Wärme

● Besonders wichtig in diesem Raum ist flexible, stimmungsvolle Beleuchtung. Um je nach Situation mal mehr Sachlichkeit und Klarheit zu verankern (helleres Licht) oder eine intimere Atmosphäre zu erreichen (gedämpftes Licht), sollten verschiedene Beleuchtungsquellen angebracht werden. Als Ergänzung zur Deckenlampe eignen sich Wandleuchten, Stehlampen und indirekte Beleuchtungssysteme gut. Denken Sie daran, daß ein zu düsterer Raum die Energie ins Stocken bringen kann (Seite 61).
● Für das Lesen im Sessel und in Sitzgruppen eignen sich am besten Tisch- und Stehleuchten mit direktem, nicht zu hartem Licht aus seitlicher Richtung. Der Lichtkreis sollte nicht zu eng begrenzt sein, weil sonst zu starke Helligkeitskontraste

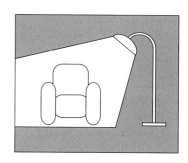

zwischen dem Buch und der Umgebung entstehen.
● Fensterflächen und Terrassentüren stellen große Öffnungen und somit Energieschleusen zwischen innen und außen dar. Hier würde es sich lohnen, zur Stabilisierung und Harmonisierung der Energie mit Regenbogenkristallen, Fensterbildern oder Klangspielen zu arbeiten. Auch Pflanzen können als »Wächter« im Fensterbereich viel zu einem ruhigen und ausgewogenen Raumklima beitragen.
● Vor allem in Wintergärten mit ihren ausgeprägten Glasflächen sind derartige Begleitmaßnahmen sehr sinnvoll. Dennoch sollte eine gute Abschottung vorgesehen werden, sowohl als Schutz vor direkter Sonneneinstrahlung als auch vor Wärmeverlust im Winter.
● Kachelöfen und offene Kamine erzeugen ein ange-

Kreativzone Arbeitsplatz

nehmes Raumklima. Doch sollten diese nur dann in ein Haus eingebaut werden, wenn Sie auch vorhaben, sie regelmäßig zu benutzen. Ansonsten würde nicht nur der Raum an dieser Stelle sinnlos blockiert werden, sondern auch eine kontinuierliche »Abzugsenergie« Chi durch den Kamin aus dem Hause ziehen. Abhilfe schaffen ließe sich durch zwei schwer wirkende, stabilisierende Gegenstände jeweils

links und rechts vor dem offenen Kamin. Aber auch drei gesunde Pflanzen (links, rechts und oben auf dem Sims) oder ein Spiegel an der Kaminwand können ausgleichend eingesetzt werden.
- Die idealen Farben des Wohnzimmers sind Gelb, Erdfarben, Creme, Beige und warme Pastelltöne, aber auch helle Grün- oder Türkistöne.

Kreativzone Arbeitsplatz

Gute Nachrichten für Workaholics. Auch Ihnen kann mit Feng Shui geholfen werden, zu Hause und im Büro.

Raum und Möbel

- Das Zimmer, das Sie in Ihrer Wohnung als Heimbüro auswählen, sollte nicht gleich beim Eingang liegen (siehe auch Seite 78). Sonst geht zuviel Aufmerksamkeit und Energie direkt in den Arbeitsraum, und es wird sehr schwer, das Privatleben zu genießen, ohne an die Arbeit zu denken. Lenken Sie deshalb den Energiefluß gezielt an solch einer Bürotür vorbei. Hier ist Kreativität gefragt, manchmal reicht bereits das Querlegen eines Teppichs oder das Anbringen eines attraktiven, also ablenkenden Bildes. Unterstützend wirkt ein Regenbogenkristall zwischen Eingang und Büro, der das Chi vom Arbeitsraum ablenkt. Und halten Sie die Bürotür möglichst geschlossen.
- Arrangieren Sie die Möbel so, daß Sie am Kraftplatz des Raums sitzen (Seite 58).

Sie sollten weder direkt vor dem Fenster sitzen, da dies ablenkt und Ihr Chi zerstreut, noch dicht vor einer Wand, da sie wie eine (mentale) Barriere wirken kann.

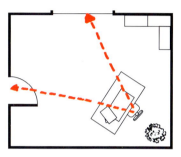

Bei einem Tür-Fenster-Durchzug – in dem der Schreibtisch auch nicht stehen sollte – hilft ein Regenbogenkristall am Fenster, der das Chi in den Raum zurück reflektiert.

- Der Bereich hinter Ihnen stellt Ihre Vergangenheit dar. Diese sollte abgeschlossen sein, weshalb die Wand hinter Ihnen am besten frei, das heißt ohne Bilder, Akten oder Spiegel sein sollte.

Die Wohnung zum Wohlfühlen

Der Schreibtisch

● Schreibtische sollten so frei und aufgeräumt wie möglich sein. Die erfolgreichsten Geschäftsleute haben alle einen aufgeräumten Arbeitsplatz – obwohl sie viel zu tun haben. Niemand kann Dutzende Dinge gleichzeitig erledigen, doch lenken uns Türme unerledigter Arbeit nur vom Wesentlichen ab. Erleben Sie selbst, wie befreiend ein abgeräumter Arbeitsplatz wirken kann. Voraussetzung dafür sind allerdings ausreichend Regal- und Schrankplatz in Reichweite und ein durchdachtes Ablagesystem.
● Je nach Art Ihrer Tätigkeit kann die richtige Form des Tisches Unterstützung bringen. Für Menschen mit vorwiegend kreativen und kommunikativen Aufgaben ist ein runder oder ovaler Tisch ideal – Brainstormings beispielsweise sind hier besonders erfolgreich. Dagegen werden »linkshirnige« Arbeiten, die lineares und analytisches Denken erfordern, etwa die Buchhaltung, am besten an sachlich rechteckigen Tischen abgewickelt.
● Weder weiß noch schwarz sind gute Farben für Schreibtische, da sie entweder keinen oder einen zu starken Farbkontrast zum weißen Papier bilden. Glastische können Instabilität und Unordnung verursachen.
● Achten Sie darauf, daß Ihr Schreibtisch nicht im direkten Sonnenlicht steht. Dies würde Ihre Konzentrationsfähigkeit behindern und Sie vorzeitig ermüden lassen.
● Wenn beim Schreiben das Licht seitlich von links auf die Tischfläche fällt, können (sofern Sie Rechtshänder/-in sind) keine störenden Reflexe und Schatten entstehen. Eine Schreibtischlampe sollte frei richtbar sein.
● Auch der Schreibtisch hat seine eigenen Bagua-Zonen. Dort, wo Sie sitzen, ist »Karriere«, und links hinten liegt die »Reichtumszone«. Sollte auch bei Ihnen dieser Platz mit unbezahlten Rechnungen, offener Arbeit oder unerledigter Post vollgeräumt sein, dann ist nun der richtige Zeitpunkt zum Handeln. Fülle kann sich nur dort ansammeln, wo auch Platz dafür ist. Lassen Sie daher die Reichtumsecke Ihres Schreibtisches immer frei, oder stellen Sie dort eine offene Schale auf.
● Der Computer blockiert aufgrund seiner Größe oft-

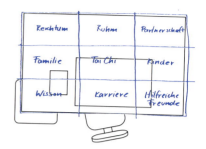

mals einen großen Teil des Arbeitsplatzes und somit Ihres Schreibtisch-Baguas. Feng-Shui-Experten empfehlen daher, diesen auf einem eigenen seitlichen Tisch unterzubringen oder zumindest den Bildschirm auf einen beweglichen Schwenkarm zu stellen.
● Je nachdem, welche Bedeutung das Telefon für Ihre Tätigkeit hat, kann es gezielt am Schreibtisch positioniert werden. Grundsätzlich sollte die Telefonschnur den Arbeitsplatz nicht kreuzen und somit die Arbeit behindern. Bei einer stark außenorientierten Tätigkeit, beispielsweise Kundenbetreuung, könnte das Telefon im Bereich »Partnerschaft« oder »Hilfreiche Freunde« stehen (siehe Abbildung oben). Die Zone »Reichtum« bietet sich an, sollte das Telefon ein einkommensbestimmender Faktor für Sie sein.

Nur für Gäste?

Gäste bringen neuen Schwung und einen Schuß »Andersartigkeit« in Ihr Leben. Dies kann eine große Bereicherung darstellen und manchmal die Pforten zu neuen Wegen öffnen. Dennoch kann ich nur davon abraten, in einer Kleinwohnung einen Extra-Gästeraum freizuhalten, für den Fall, daß »im Dezember eventuell Besuch kommen könnte«.

- Wie jeder andere Raum Ihrer Wohnung sollte auch dieser regelmäßig genutzt werden (Seite 54).
- Lassen Sie Ihr Gästezimmer nicht zum Abstellraum verkommen, wo all das hineinwandert, was sonst keinen Platz mehr findet. Selbst zum Lagern der Bügelwäsche ist es nur bedingt geeignet.
- Sehen Sie sich doch mal nach dem Bagua an, in welcher Zone des Rasters Ihr Gästebereich liegt, und Sie werden erfahren, welcher Lebensaspekt stark von der Meinung anderer (also der Außenwelt) geprägt ist. Oft findet sich das Gästezimmer im Bereich »Ruhm«.

Endlich: Das eigene Zimmer

Jeder Mensch hat das Bedürfnis nach Privatsphäre und Geborgenheit. Die Sehnsucht nach wenigen Quadratmetern, in denen man auch mal etwas liegenlassen kann, wird aber leider allzuoft verdrängt. Dabei kann ein eigener Raum, und sei er noch so klein, helfen, die eigene Mitte wiederzufinden und sich von der Hektik des Alltags zu erholen. Während des Tages einige ruhige Minuten ganz für sich allein einschieben zu können, ist vor allem für Mütter von Kleinkindern wichtig und für alle, die durch den beruflichen oder häuslichen Alltag schwer gefordert sind.

Kinder können soweit erzogen werden, daß sie die Eltern für eine gewisse Zeit in Ruhe lassen. Dies steigert ihre Selbständigkeit und läßt sie zudem erkennen, daß auch Mutter oder Vater gelegentlich Erholung brauchen.

- Das eigene Zimmer sollte wirklich privaten Charakter haben, also möglichst nicht für die Hausarbeit wie Bügeln oder Wäschewaschen verwendet werden.
- Richten Sie es nach Ihren individuellen Vorstellungen ein, so daß es maximalen Erholungswert bietet. Hier können Sie auch den Mut haben, Gegenstände und Bilder anzubringen, die Ihr tiefstes Inneres ausdrücken, was oftmals im von der gesamten Familie genutzten Wohnbereich nicht möglich ist.
- Sollten Sie ein Hobby ausüben, so ist dies der Platz dafür. Da Sie Farben, Pinsel oder Werkzeug liegenlassen können, ohne jemanden zu belästigen, steigert es die Bereitschaft, auch mal kurz zwischendurch etwas zu tun, das Spaß macht.
- Zum Meditieren eignet sich das eigene Zimmer hervorragend, da dies am besten in einer »nichtöffentlichen« Zone der Stille und Einkehr geschieht.
- Sollte das Heimbüro das eigene Zimmer sein, schaffen Sie sich auch hier eine kleine Zone der Geborgenheit! Diese wird Sie immer wieder daran erinnern, daß das Leben nicht nur aus Arbeit besteht. Nach einer kurzen, entspannenden »Ortsveränderung« auf einem Sessel oder Sitzkissen geht auch die Arbeit wieder besser von der Hand.

Die Wohnung zum Wohlfühlen

Heikel: Badezimmer und WC

Die Naßräume stellen wahrscheinlich mit die problematischsten Bereiche einer Wohnung dar.
Hier wird mit dem hochaktiven Element Wasser hantiert, das verschmutzter, als es gekommen ist, das Haus wieder verläßt.

Raum und Energie

Sollten diese Räume ungünstig liegen, dann kann die Schwingung des unsauberen Wassers, in Resonanz mit den Bewohnern, zu gesundheitlichen oder finanziellen Problemen führen.

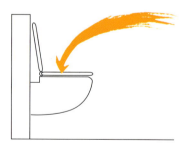

● Befinden sich Bad und WC gleich beim Eingang der Wohnung, wird das dort eintretende Chi sofort wieder durch den Abwasserkanal hinausgeschickt.
Besser liegen die Räume am Ende des Energieflusses, also möglichst weit entfernt vom Eingang, so daß nur noch das verbrauchte Chi entweicht.
● Halten Sie die WC-Tür immer geschlossen, und klappen Sie auch den Toilettendeckel immer zu.
● Wenn Sie die Türen außen noch mit einem Spiegel oder einer anderen reflektierenden Maßnahme »versiegeln«, dann verhilft dies zu mehr Stabilität und Gesundheit.
● Sollte Ihr Bad neben dem Schlafzimmer liegen, dringt zu starke Wasserenergie in das Zimmer ein und belastet das Chi der schlafenden Personen. Dies kann deren Erholung und auch Gesundheit gefährden.
Eine direkte Verbindungstür zwischen Bad und Schlafzimmer ist besonders ungünstig; hier kann ein begehbarer Schrank als Puffer dienen. Besser ist es, über den Flur ins Bad zu gelangen.
Achten Sie darauf, daß das Kopfteil Ihres Bettes nicht an der Wand mit den Abflußrohren liegt, oder halten Sie Abstand von der Wand. Schon eine Isolierung kann hier dienlich sein.

Licht und Farbe

● Badezimmer und WC sollten immer Fenster haben – eine grundlegende Forderung für jeden Neubau. Wenn dies nicht möglich ist, muß das Innere des jeweiligen Raums energetisch gestärkt werden. Helles Licht, freundliche Farben, ein Regenbogenkristall (wirkt auch ohne Sonne, muß aber öfter gereinigt werden), ein Mobile oder eine DNS-Spirale helfen, den schwachen Raum wieder aufzuwerten.
● Achten Sie darauf, daß der Badezimmerspiegel groß genug ist (Seite 64). Beim Spiegel dürfen die Leuchten auf keinen Fall blenden oder Schatten hervorrufen. Die Lichtfarbe muß zudem immer warm-weiß sein. Das Gesicht wird weit gleichmäßiger und vorteilhafter beleuchtet, wenn die Beleuchtung beiderseits des Spiegels angeordnet ist.
● Gute Farben für Bad und WC sind Kombinationen aus Weiß und Schwarz in Verbindung mit Handtüchern in kräftigen Farben, außerdem Rosa und andere Pastelltöne, manchmal auch zarte Ausführungen der kühleren Farben Grün und Türkis.

PRAXIS
Treppen / Abstellräume / Keller

Treppen – Leitbahnen des Chi

Treppen sind die Verbindungsglieder zwischen den einzelnen Stockwerken. Dementsprechend offen sollten sie gestaltet sein und den leichten Fluß der Energie unterstützen. Zu enge Treppenhäuser schnüren das Chi der oberen Stockwerke ab.
- Liegt eine Treppe genau gegenüber dem Eingang, führt das zu Chi-Verlust. Ein Regenbogenkristall oder Windspiel verhindert dies.
- Wichtig ist die Beleuchtung. Treppen sind dann gut beleuchtet, wenn sich die Helligkeit der waagerechten Flächen von der der senkrechten deutlich unterscheidet. Stolperschatten dürfen nicht entstehen.
Bei einer langen Treppe braucht man mehrere Leuchten. In der Regel wird eine Lampe über dem Antritt und die nächste Leuchte über dem ersten Absatz montiert.
- Bilder können mithelfen, den Fluß der Energie zu lenken. Wählen Sie Motive, die eine – in Treppenrichtung – ansteigende Symbolik haben.
- Wendeltreppen sollten energetisch stabilisiert werden. Dazu eignet sich eine Lampe an der Decke direkt oberhalb der Treppe und eine gesunde Topfpflanze an ihrem Fuß, die das Chi nach oben steigen läßt.

Abstellräume – Zonen des Staus

Alles, was gelagert wird, ist gebundene Materie und führt ab einer gewissen Häufung unweigerlich zu Stau. So kann man auch das Wort »Stauraum« deuten.
- Die Fläche von Stauräumen und Schränken darf im Verhältnis zum gesamten Haus nur minimal sein. Das zwingt Sie dazu, alles Unwichtige sofort wieder zu entfernen. Ähnlich einer Körperentschlackung, lassen Sie so unnötigen Ballast los, bevor Sie ihn anhäufen. Dies hält nicht nur vital, sondern hilft, besser im Fluß zu bleiben. Das Leben wird leichter und entwickelt sich mit weniger Staus und Blockaden.
- Ein guter Lagerraum sollte nur die wirklich wesentlichen Dinge enthalten und außerdem nicht zu voll sein.
- Vor allem die Beleuchtung muß hell und klar sein, selbst wenn sie nur selten verwendet wird. Licht hilft, das stehende Chi wieder in Schwung zu bringen.
- Zusätzlich kann ein Mobile oder eine DNS-Spirale für erhöhte Dynamik sorgen.

»Schattenreich« Keller

Manchmal muß man sich wirklich wundern, wieviel unnötiger Ballast in den meisten Kellern oder Dachböden herumliegt. Viele Menschen neigen dazu, zwar die Wohnung blitzblank und aufgeräumt zu halten, aber nach oben in den Dachboden und nach unten in den Keller wird eifrigst »gestopft«. Viele Seminarteilnehmer berichten, daß sich das Aufräumen in diesen Hausbereichen oft als sehr schwierig und manchmal gar emotionsgeladen gestaltet.
Dies rührt daher, daß der Keller das »Unterbewußtsein« repräsentiert und der Dachboden die nach wie vor mitgeschleppten »Altlasten« Ihres Lebens widerspiegelt.
- Lassen Sie sich genügend Zeit, doch arbeiten Sie beständig an einer Aufarbeitung der dort gelagerten Vergangenheit. Viel Erfolg!

Zum Nachschlagen

Bücher, die weiterhelfen

Mehr über Feng Shui und die Gedanken dahinter

Lao Tse, *Tao Te King;* Diederichs Verlag, München 1994
Meyer, Hermann/Sator, Günther, *Besser leben mit Feng Shui; Irisiana/Hugendubel Verlag, München 1997
Sator, Günther: *Feng Shui – Die Kraft der Wohnung entdecken und nutzen; Feng Shui for love; Feng Shui für jeden Garten; Feng Shui – Harmonie für Liebe & Partnerschaft; GU Drehscheibe Feng Shui – Gesünder wohnen leicht gemacht;* alle Titel: Gräfe und Unzer Verlag, München
Schmidt, Wolfgang, *Handbuch der Chinesischen Heilkunst;* Verlag Gesundheit, Berlin 1995
Sheldrake, Rupert, *Das Gedächtnis der Natur;* Piper Verlag, München 1993
Spear, William, *Die Kunst des Feng Shui;* Knaur Verlag, München 1996
Wilhelm, Richard, *I Ging;* Diederichs Verlag, München
Wühr, Dr. Erich, *Gesund durch Chinesische Heilkunst;* Gräfe und Unzer Verlag, München 1996

Ergänzende Methoden

Bohlmann, Friedrich, Schinharl Cornelia, *Health Food,* Gräfe und Unzer Verlag; München 1999
Fahrnow, Dr. med. Ilse-Maria, Fahrnow, Jürgen, *Fünf Elemente Ernährung;* Gräfe und Unzer Verlag, München 1999
Fischer-Rizzi, Susanne, *Botschaft an den Himmel – Anwendung, … von duftendem Räucherwerk,* Irisiana/Hugendubel Verlag, München 1996
Graf, Dr. Bernhard, *Heilen mit Edelsteinen,* Gräfe und Unzer Verlag; München 1999
Hunkel, Karin, *Die Kraft der Farben;* Gräfe und Unzer Verlag, München 1996
Langbein/Mühlberger/Skalnik, *Kursbuch Lebensqualität;* Verlag Kiepenheuer & Witsch, Wien 1995
Purner, Jörg, *Radiästhesie – ein Weg zum Licht?;* M & T Verlag, Zürich 1988
Sator, Günther, *Feng Shui for Love*; Gräfe und Unzer Verlag, München 1999
Sperling, Renate, *Vom Wesen der Edelsteine;* Aquamarin Verlag, Grafing 1994
Temelie, Barbara, *Ernährung nach den Fünf Elementen;* Joy Verlag, Sulzberg 1992
Werner, Monika, *Ätherische Öle,* Gräfe und Unzer Verlag, München 1996

Adressen, die weiterhelfen

Feng-Shui-Shops und -Versender

Einen reichhaltig bebilderten Produktkatalog »Vom richtigen Wohnen« können Sie gegen einen Druck- und Portobeitrag von DM 5,–/öS 35,– (in Briefmarken oder als internationale Rückantwortscheine der Post) bei einem der beiden Versender gerne anfordern.

Feng-Shui-Academy
 Atterseestraße 4
 A-5310 Mondsee
 e-mail: fengshui@EUnet.at
 Internet:
 http://www.fengshui.co.at
Willi Penzel Handels-GmbH
 Willy-Penzel-Platz 2
 D-37619 Heyen

Feng-Shui-Seminare

Feng Shui Academy
 Atterseestraße 4
 A-5310 Mondsee
Hagia Chora
 Schule für Geomantie
 Luitpoldallee 35
 D-84453 Mühldorf/Inn

Bitte legen Sie Ihren Anfragen immer einen frankierten Rückumschlag bei!

Sachregister

Aberglauben 5
Abstellräume 91
Ahnen 42
Aktivierung des Chi 59ff
Akupunktur 23
Alpträume 50
Amulette 12, 59
Analogien 26
Analyse des Ist-Zustands 14ff, 22ff, 38ff
Angstgefühle 50
Ansehen 45
Antiquitäten 56
Aquarium 69
Arbeitsklima 11
Arbeitszimmer 78, 87f, 89
Architektur 48ff
Ästhetik 36
Atmosphäre 13
–, Klärung der 75
Aufräumen 55, 91
Ausgleich der Pole 29f
Außenbereich 46ff, 74ff
Ausstrahlung, persönliche 45

Badezimmer 78, 90
-spiegel 64, 90
Bagua 38ff, 96
–, Anlegen des 39f
–, Interpretation des 38f
– des Schreibtischs 88
-Spiegel 12, 59
-Zonen 41ff, 54, 76
Balance 29, 30
Balken, Decken- 17
Bambusflöten 12, 59
Bank of China 11, 53
Baubiologie 50
Baumaterial 50
Bäume 74f

Baustil 48
Bauwerke 9ff
Begegnungen 44
Beleuchtung 61
– Treppen- 91
– Eingangs- 78
– Schreibtisch- 88
– Wohnzimmer- 86
– Küchen- 83
Bergkristall 65
Beruf 14, 41
Bett 79
Bewegte Objekte 70
Beziehungen 41
Beziehungsthemen 34
Bilder 57, 67
– im Schlafzimmer 81
– an der Treppe 91
Bodenbeläge 78
Brücke 26
Bücherregal 57
Büro 87f
– zu Hause 78, 87f, 89

Checklists
– zur Analyse 14f, 16ff
– zur Veränderung 73ff
Chef 42
Chi 22ff, 34 (siehe auch: Schneidendes Chi, Sha-Chi)
–, Aktivierung des 59ff
–, Stagnation des 52
-Aktivierung 59ff
-Mangel 25, 61
-Stau 23f, 61, 91
China 8f
Chinesische Mauer 9
Chinesische Medizin 23
Computer 85, 88

Dachboden 91
Dachkanten 26
Dachschräge 79, 85

Delphine 42, 66
Designer-Wohnung 12, 55
DNS-Spirale 64
Drache 47
Dunstabzugshaube 83

Ecken 26
Eingangsbereich 74, 77f
-Beleuchtung 62
Einrichtung 50, 55
Elektrogeräte 57, 80, 85
Elektrosmog 57
Elemente, Fünf 31ff
– ausgleichen 36
– Hausplanung mit Hilfe der 48
–, vermittelnde 49
Eltern 42
Emotionen 15, 34, 44
Energie 22ff
-autobahn 26
-blockaden 23, 61
-fluß 21ff
-konzept 50
–, negative entfernen 56
-sparlampen 61
-stau 23f, 61
Enge Räume 63, 77
Entrée 77
Erd-Energie 31ff
Ereignisse, segensreiche 42
Erkenntnis 45
Erker 50
Erweiterung, hilfreiche 40
Essig-Reinigungswasser 56
Eßplatz 83f
Eßzimmer 78, 83f
Europa, Feng Shui in 10

Fächer 12, 59
Fahnen 70
Familien-Zone 14, 42
Familienleben 28, 85, 89

Zum Nachschlagen

Farben 67ff
– der Elemente 34, 68
– des Schreibtischs 88
– in Bad und WC 90
– in der Küche 83
– im Schlafzimmer 81
– im Wohnzimmer 87
Farbsymbolik 69
Fehlbereich des Bagua 40
– ausgleichen 59ff, 63, 75
Feng Shui
– Herkunft, Lehre, Name 8ff
– Verbreitung 10f
–, Inneres 27
Fenster 24, 26, 62, 65, 86
–, Blick auf 87
Fernseher 80, 85, 86
Feuer-Energie 31ff
Firma 11, 44
Fliesenboden 78
Flur, langer 26, 65, 70, 78
Foyer 77f
Freunde 14, 15, 41, 44
Fülle 42

Gang, langer 26, 65, 70, 78
Garten 51, 74
Gartenleuchten 77
Gästezimmer 78, 89
Gebäudeform 34
Gedankenenergie 27
Gefühle 15, 34, 44
Gegenstand, schwerer 70, 711
Gegenstände, hilfreiche 59ff, 71
Geheimwissen 10
Geld 14, 42, 69
Geleise 26
Gemeinsamkeit, Motive der 42
Geomantie 10
Geraden, längere 25f
Geschichte 8ff
Geschmack, persönlicher 13
Gesundheit 43

Glaskristallkugeln 65
Glück 14, 42, 44, 69
Großeltern 42
Grundriß 40, 49
Grundrißplan 21, 24
Grundstück 46, 47
– am Hang 71

Halogenleuchten 61
Hanglage 71
Harmonie 7ff, 29, 32
Harmonisierung 59ff
Haus
–, älteres 50, 75
–, ideales 46ff
-bau 46ff
-bewuchs 75
-eingang 77
-inneres 54ff, 77ff
-mitte 43, 64
-reinigung, energetische 75
-tiere 37
Heimbüro 78, 87f, 89
Hemmender Zyklus 32
Herd 82
Herkunft 8ff
Hermetische Schriften 26
Hilfe 44
Hilfreiche-Freunde-Zone 15, 44
Hilfsmittel 24, 59ff
–, chinesische 12, 59
Himmelsrichtung 34
–, Farbe der 67f
Holz-Energie 31ff
Holzboden 78
Hongkong 11
Housewarming-Zeremonie 51, 75

Ideen 44
Image 45
Innenräume 54ff, 77ff
Inneres des Hauses 54ff, 77ff

Inneres Feng Shui 27
Inspiration 44
Intuition 36, 45

Kachelofen 86
Kamin 43
–, offener 86
Kanäle 26
Karriere-Zone 14, 41
Kauf der Hilfsmittel 59
Keller 91
Kinder-Zone 15, 44, 84
Kinderzimmer 78, 84
Klang 60
–, Reinigung mit 75
-spiele 60
Kleidung 34
Kochen 82
Kollegen 41
Kontrollierender Zyklus 32ff
Konzerne 11
Kraftplatz 58
Kreativität 44
Kristalle, gewachsene 65
Kristalle, Regenbogen- 65
Küche 78, 82f
Kulturrevolution 9
Kunstblumen 63

Lage, ideale 46
Lagerraum 91
Lampen siehe Beleuchtung
Landschaft 48f
Lärmbelästigung 53
Laternen 26
Lebensaufgabe 41
Lebensbereiche 14f
Lebensenergie Chi 22ff
Lebenskraft 43
Lebenssituation, aktuelle 13ff
Lebensweg 41
Lehnstuhlprinzip 46
Lehrer 42

Sachregister

Leistungssteigerung 11
Leitungen 26
Lernfähigkeit 45
Lernplatz 26
Leselampe 86
Licht 61
Liebe 41

Mauerkanten 26
Meridiane 23
Metall-Energie 31ff
Mitbewohner 28
Mitte der Wohnung 43
Möbel 55
–, alte 56
–, Kinderzimmer- 84
–, Schlafzimmer- 80
–, schwere 71
-ecken 26
-formen 55
Mobile 70
Musikinstrumente 60

Nachbarn 41
Nachbarschaft, Störendes in der 53
Nährender Zyklus 32ff
Nebenräume 76
Netzfreischaltungen 57
Neubau 46ff
Nutzung der Räume 54

Objekte, bewegte 70
Objekte, schwere 71
Ordnung 55, 56, 91
Ort, idealer 46ff

Partnerschafts-Zone 14, 41
– im Schlafzimmer 81
Partnerschaftssymbole 66
PC 85, 88
Pendler 58
Pfeile 26

Pflanzen 52
– im Garten 51, 74f
– im Haus 62, 64
– im Schlafzimmer 81
–, kranke 52
-formen 34
Phönix 46
Planeten 34
Planung 46ff
Platz der »höchsten Harmonie« 58
Polarität 29f
Positives Denken 27
Problemlösungen 37
Problemzonen aktivieren 76
Putzen 56

Radiästhesie 58
Räucherungen 75
Raum
– aktivieren 68
–, erster 78
–, sehr großer 85
–, sehr kleiner 63, 77, 85
-aufteilung 54
-bereiche abtrennen 60
Räume 79ff
–, Lage der 54
–, ungenutzte 54, 76
Regenbogenkristalle 65
Reife, innere 45
Reichtums-Zone 14, 42, 69
Reinigung, energetische 56, 75
Rosen-Reinigungswasser 56
Ruhm-Zone 15, 45

Sackgasse 26
Salbeiräucherung 75
Sanierung 50
Sauberkeit 56
Schildkröte 46
Schlafzimmer 79ff
– Störenergien 57f, 70, 78, 80, 90

Schneidendes Chi 25f
– durch Pflanzen 62
– ums Haus 53, 77
– zerstreuen 59ff
–, Mißbrauch 53
Schönheit 12, 36
Schöpferischer Zyklus 32ff
Schrank 91
–, begehbarer 80
–, Einbau- 80
Schreibtisch 88
– im Kinderzimmer 85
-Bagua 43, 88
Schutz 44
– des Hauses 46, 77
Selbstbefragung 13ff
Selbstwertgefühl 43
Sha-Chi 25f
– , Abhilfe bei 53, 59ff, 77
Sheldrake, Rupert 27
Sicherheit, Gefühl von 71
Sofa 86
Speisezimmer 78, 83
Spiegel 17, 63, 80
Spiralen, DNS- 64
spitze Gegenstände 26
Stadt 47
Stagnation des Chi 52, 61
Stau, Energie- 23f, 61, 91
Stauräume 91
Steckdosen 57
Stonehenge 9
Stör-Energien 57f, 70, 78, 80, 90 (siehe auch: Schneidendes Chi, Sha-Chi)
Störfaktoren im Umfeld 25, 27, 53
Störzonen 58
Strahlung, elektromagnetische 57
Straßen 26, 53
Stromleitungen 57
Stromverbrauch 61

Zum Nachschlagen

Symbole der Elemente 34
Symbole, persönliche 71
Symbolkraft 28

Tai-Chi-Zone (Zentrum) 43
Taoismus 31
Telefon 88
Teppiche 78
Terrasse 71
Tiger 47
Tischformen 84, 88
Toilette 78, 90
Tradition, Feng-Shui- 8ff
Treppen 26, 43, 70, 71, 91
Trockenblumen 63
Tür 24, 60, 65, 70, 86
–, Eingangs- 77f
-harfen 60

Umfeld, Einfluß des 5, 27
Umfeld, Störfaktoren im 25, 27, 53
Umfeld-Analyse 16ff
Umgebung 48f
Umsetzung 37
Umwandlung, dynamische 31f
Umzug 75
Universelle Gesetze 26f

Verbreitung 10
Vorfahren 42
Vorgeschichte eines Hauses 50
Vorgesetzte 42
Vorraum 78

Wände 78, 87
Wandlungsphasen 31ff, 49
Wasser-Energie 31ff
Wasser-Hilfsmittel 69
Wasseradern 58
Wasserbetten 70
Wasserfallbilder 69
Wasserqualität 70

WC 78, 90
Wege 74, 77
Weihrauchräucherung 75
Weisheit 45
Wendeltreppe 91
Werkzeuge, Feng-Shui- 21ff
Werkzeuge des inneren Feng Shui 28
Wickeltisch 85
»Wind und Wasser« 8
Windfang 78
Windrad 70
Wintergarten 50, 60, 62, 86
Wirkung auf andere 28
Wissens-Zone 15, 45
Wohlbefinden 12ff
Wohlstand 42
Wohnsituation, Analyse der 16ff
Wohnung 12, 54ff, 79ff
Wohnungsbereiche 38
Wohnungsplan 21, 24, 38ff
Wohnungsreinigung, energetische 56, 75
Wohnungssuche 13
Wohnzimmer 78, 85ff
–, Eßplatz im 83
Wunschvorstellungen 13, 28

Yin und Yang 29ff

Zentrums-Zone 14, 43
Zimmer 79ff (siehe auch: Raum, Räume)
–, eigenes 89
-brunnen 69
-pflanzen 62
Zitronen-Reinigungswasser 56
Zonen, Bagua- 41ff
Zufahrten 77
Zusammenhänge 26
Zusatz 40
Zyklus der Kontrolle 32f
Zyklus der Schöpfung 32f

Impressum

© 1997 Gräfe und Unzer Verlag GmbH, München
Alle Rechte vorbehalten. Nachdruck, auch auszugsweise, sowie Verbreitung durch Film, Funk und Fernsehen, durch fotomechanische Wiedergabe, Tonträger und Datenverarbeitungssysteme jeder Art nur mit schriftlicher Genehmigung des Verlages.

Bildnachweis
Zeichnungen: Martin Scharf
Fotos: Bavaria/Nikko F. Cover li. o./SSI S. 69
Zeyko, Küchen S. 57
Jalag Cover li. u. (Wult Brackrock), S. 3, 72/73
Mauritius/Vidler S. 2, 6/7
Ingeborg Tschakert S. 51
Günther Sator S. 11, 66
Reiner Schmitz, Styling Jeanette Heerwagen Cover (3), U4, S. 20/21, 39, 60, 64, 65, 70
Tony Stone/Tom Till S. 9
Friedrich Strauß S. 62

Redaktion: Gabriele Hopf
Lektorat: Felicitas Holdau
Umschlaggestaltung: Independent Medien-Design
Innengestaltung: Heinz Kraxenberger
Herstellung: Ina Hochbach
Satz: DTP, Ismaning
Lithos: Fotolitho Longo, Bozen
Druck/Bindung: Appl, Wemding

ISBN 3-7742-1460-3

Auflage	4.	3.	2.
Jahr		01	00	99

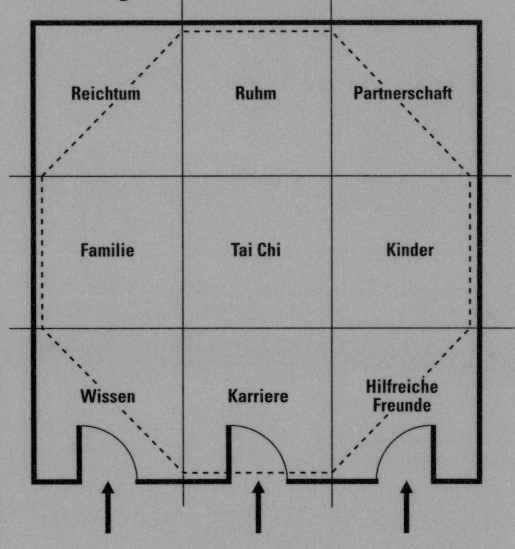

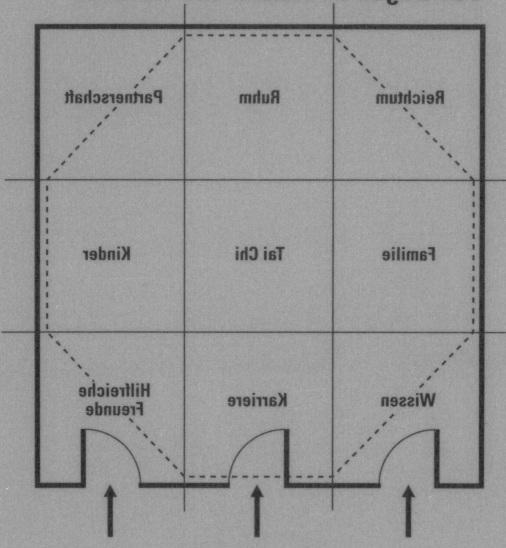